Helmut Brandstätter – HEILUNG für eine verstörte Republik

Helmut Brandstätter

HEILUNG für eine VERSTÖRTE REPUBLIK

K&S

Dieses Buch ist allen Personen gewidmet,
die sich politisch engagieren, in der Gemeinde,
Schule oder Uni, einer NGO oder einem Parlament.
Und dabei mehr auf die Anliegen der Gemeinschaft
als auf ihr Ego achten.

INHALT

8 Vorwort

22 Die Suche nach dem Ausgleich in der Gesellschaft

39 Die Stärkung der staatlichen Institutionen

57 Ein Parlamentarismus, den alle ernst nehmen

70 Die Justiz darf wieder in Ruhe arbeiten

80 Die Medien werden als unabhängige Kontrollinstanz akzeptiert

96 Politik wird ein Beruf mit Ideen und Verantwortung

108 Freiheit und Eigen- verantwortung sind zentrale Werte der Demokratie

119 Wir finden einen Ausgleich zwischen Jung und Alt

128 Österreich bekennt sich zu einer Sicherheitsstrategie

144 Verteilung und Teilhabe – die großen Fragen des Zusammenlebens

159 Danksagung

’s ist möglich, dass in Sachsen und beim Rhein
Es Leute gibt, die mehr in Bücher lasen;
Allein, was nottut und was Gott gefällt,
Der klare Blick, der offne, richtge Sinn,
Da tritt der Österreicher hin vor jeden,
Denkt sich sein Teil und lässt die andern reden!

Franz Grillparzer
König Ottokars Glück und Ende

VORWORT

Die Politik verwundet Menschen. Wie tief das gehen kann, erleben wir bei fast jedem Rücktritt. Der Verlust eines Amtes, das mit Ansehen und Autorität verbunden ist, schmerzt umso mehr, weil er vor den Augen der Öffentlichkeit stattfindet. Beim Aufstieg hat die Aufmerksamkeit motiviert, doch leider gehört sie beim Abstieg genauso dazu – und kann quälend sein. Die Betroffenen müssen sich dann selbst um die Heilung ihrer Wunden bemühen, was Jahre dauern kann.

Die Jahre, in denen Sebastian Kurz die Republik Österreich „umbauen", mit einem „neuen Stil" und „gegen das System" regieren wollte, haben Verwundungen bei vielen hinterlassen, Verstörung und Zerstörung über das Land, aber auch über Menschen gebracht. Die einen sind verstört, weil sie sich täuschen ließen. Von einem Mann, der die Politik aus den täglichen Mühen des Kompromisses und den alten Methoden des Proporzes herauszuheben versprach, dann aber tief in diese eintauchte und in ihrer Perfidie noch einmal verfeinerte, ausschließlich zum eigenen Vorteil. Dabei wurden Mitläufer*innen missbraucht und sogar Profiteur*innen geschädigt, denen Übersicht, Kaltblütigkeit und Brutalität fehlten, die zu einem solchen Verhalten gehören. Am Ende standen einige zerstörte Existenzen, Wegbegleiter*innen ließen sich bis zur Peinlichkeit missbrauchen.

Gegner wiederum wurden zu Feinden deklariert. Das System Kurz brauchte, wie alle populistischen Konstruktionen, Feinde. Diese wurden auf verschiedenen Ebenen ausgemacht und öffentlich attackiert. Die ÖVP sollte als türkise Führerbewegung eine Art „FPÖ light" werden, also gegen alles Fremde agitieren, im Zweifel auch gegen die Europäische Union und gegen Nachbarländer, aber mit dem freundlichen Gesicht eines jungen Mannes. Feind wurde, wer nicht bereit war, sich zu unterwerfen. Ich habe das als Chefredakteur des *KURIER* erlebt, ganz ausdrücklich am 19. Juni 2017, als mir der eben erst gewählte 17. Obmann der ÖVP bei einem Abendessen erklärte: „Du kannst nur mein Freund oder mein Feind sein." Unter seinen 16 Vorgängern waren sehr unterschiedliche Persönlichkeiten, historische Figuren wie Leopold Figl oder Josef Klaus, der 1966 die absolute Mehrheit schaffte, visionäre Europäer wie Alois Mock oder Intellektuelle wie Erhard Busek. Keiner hätte einen solchen Satz gegenüber einem Journalisten formuliert. Es hätte auch keiner diese Forderung erhoben, die Kurz kaltblütig aussprach: „Ich erwarte die Unterstützung des *KURIER* bei der Nationalratswahl." Wenn ich dazu nicht bereit sei, dann wäre für ihn offensichtlich, dass ich sein Feind sein werde. Freund oder Feind. So klar, so einfach. Der Hinweis, dass ich mich in meinem Vertrag mit dem *KURIER* dazu verpflichtet habe, eine unabhängige Tageszeitung zu machen, ihn also gar nicht unterstützen dürfe, interessierte ihn nicht. Warum habe ich dieses Gespräch nicht sofort öffentlich gemacht? Ich fühlte mich zwar bedroht, gar erpresst, aber nach meinem Gefühl saß da ein unsicherer junger Mann, kein abgezockter Polit-Funktionär. Er konnte seine Brutalität hinter einem freundlichen Gesicht gut verbergen. Und er hatte seine Leute für die schmutzige Arbeit und Leute fürs Denken.

Vermutlich kannte Kurz den Staatsrechtler Carl Schmitt nicht, der schon vor seinem Engagement für die Nazis in seinem 1932 erschienenen Buch „Der Begriff des Politischen" erklärt hatte, dass Politik ein Kampf zwischen Freund und Feind sein müsse, sowohl im Verhältnis zwischen Staaten, aber auch innerhalb eines Staates. Dennoch handelten Kurz und die Seinen konsequent nach diesem Freund/Feind-Schema.

Später, als im Sommer 2019 meine Kandidatur auf der Liste der NEOS bekannt wurde, formulierte ein Kurz-Vertrauter im kleinen Kreis: „Den fohr ma nieder und sei Oide gleich dazu." Sippenhaftung gehörte also auch zum System Kurz. Und während des Ibiza-Ausschusses, wo ich mehreren seiner Leute unangenehme Fragen stellte, ließ mir eine Vertrauensperson von Kurz ausrichten: „Du wirst zerstört." Wenn es um ihre Macht ging, kannte die Kurz-Partie keine Grenzen.

„Bitte schau, dass deine Auseinandersetzung mit dem Kurz nicht persönlich wirkt", lautete der Ratschlag durchaus gut Gesinnter. Aber nicht ich, sondern Kurz hat sie zu einer persönlichen gemacht, und ich war nicht der Einzige, die er so „überzeugen" oder bei Widerspruch aus ihren Funktionen beseitigen wollte. Deshalb ist es so wichtig, diese Ereignisse anzusprechen und das dahintersteckende Denken zu entlarven, als Warnung für künftige Generationen. Der Politiker wollte nicht zur Kenntnis nehmen, dass sich der Journalist nicht unter Druck setzen lässt – das war er nicht gewohnt. Später, im Parlament, bei seiner ersten Vernehmung im Ibiza-Untersuchungsausschuss, fühlte er sich dann so überlegen, dass er auf meine Fragen ganz sicher die Unwahrheit sagte.

Denn natürlich war der Bundeskanzler in die Besetzung von Thomas Schmid als Chef der ÖBAG eingebunden, was er unter

Wahrheitspflicht leugnete. Das ist inzwischen durch unzählige WhatsApp-Chats bewiesen. Ob es auch den im Strafgesetzbuch verlangten Vorsatz gab und die Falschaussage strafrechtlich relevant ist, hat ein Gericht zu beurteilen.

Wer Wahrhaftigkeit bei anderen einfordert, muss sie selbst leben, also ist dort über Persönliches zu berichten, wo es das Politische erklärt. Im Übrigen diene ich nur als Beispiel für die Analyse eines Systems, das ganz bewusst Feinde als solche deklariert und bekämpft hat, um allen anderen Beteiligten zu zeigen: „Schau, das kann dir auch passieren." So funktioniert die organisierte Politik des schamlosen Populismus, die Feinde braucht, um inhaltliche Leere zu übertünchen. Druck wurde auch auf andere Personen in den Medien, in der Wirtschaft und in der Wissenschaft ausgeübt. Hier war es besonders fatal, weil in der Covid-Zeit auch Expert*innen bedeutet wurde, was sie besser *nicht* öffentlich sagen sollten, weil es zu den Slogans der Kurz-PR-Maschinerie gerade nicht passte.

Wo aber waren die politischen Überzeugungen dieser Zeit? Sebastian Kurz und seine Umgebung haben in der ersten Zeit im Staatssekretariat für Integration durchaus an politischen Lösungen gearbeitet. Später ging es nur um Umfragen, Fotos und das Erscheinungsbild in den Medien. Letztlich scheiterte er genau daran – an gekauften Umfragen und einem liebedienerischen Boulevardmedium, das ihn für Geld bejubelte. Ein beachtlicher dramaturgischer Bogen einer politischen und menschlichen Tragödie mit Auswirkungen auf ein ganzes Land. Welche Rolle Kurz bei den Inseratendeals rund um die frühere Ministerin Sophie Karmasin und die Meinungsforscherin Sabine Beinschab mit der Tageszeitung *Österreich* gespielt hat, werden Gerichte klären. Dass er der Profiteur dieser Deals war, ist klar. Die Zusammenlegung der Sozialversicherungen wird als einzig erfolgreiche Reform für die türkis-blaue Zeit genannt. Versprochen war eine „Patientenmilliarde statt der Funktionärsmilliarde", wieder ein falsches Versprechen. Damals verhielt sich der oberösterreichische Landeshauptmann Thomas Stelzer ruhig, jetzt sagt er: „Es ist kein Geheimnis, dass ich einige große Entscheidungen skeptisch gesehen habe, Stichwort Zentralisierung der Gebietskrankenkassen, die sich jetzt nicht so darstellt, wie manche geglaubt haben, dass sie wirkt." Das erklärte Stelzer nicht, als das beschlossen wurde, sondern im Mai 2022 in den *Salzburger Nachrichten*. Manche entdecken Mut und Einsicht halt erst etwas später. Der Rechnungshof hat Anfang Juli 2022 im Detail berechnet, dass nicht eine Milliarde eingespart wurde, sondern die Zusammenlegung der Kassen rund 215 Millionen gekostet hat.

Die Skandale, die das System Kurz begleiteten, sind nicht vergleichbar mit den vielen Korruptionsaffären der vergangenen Jahrzehnte. Da ging es um Machtmissbrauch und Bereicherung, schlimm genug. In den Jahren zwischen 2016 und 2021 aber sollte die Republik umgebaut werden, rund um eine einzige Person, nicht für eine Idee, sondern für die umfassende und anhaltende Erhaltung der Macht. Zunächst übernahm die Kurz-Partie – „Partie" im Gegensatz zu Partei – die ÖVP, die zur Bewegung von uniformen und türkisen „Jüngern" werden sollte, dann das Land, dann einzelne Institutionen, und schließlich wollte diese kleine Truppe auch das Denken vieler Menschen formen. „In einem ist Sebastian Kurz gut gewesen: im Verführen", fasst die dänische Zeitung *Politiken* die Jahre zusammen, als es vorbei war. Am Ende reichte das Verführen nicht, die Partie hatte sich übernommen und scheiterte letztlich an sich selbst –

und an den Methoden, die die ewige Macht hätten absichern sollen, an der Message Control und der Inseratenkorruption, beides finanziert mit vielen Millionen an Steuergeld.

Das Versagen bei der Bekämpfung der Pandemie war eine logische Konsequenz des Systems Kurz. Wer alle Botschaften rund um eine Person platziert, wer nur Bilder und Geschichten verkaufen, aber nicht managen kann, der kann in einer Krise weder konzise noch flexibel reagieren. Zum System Kurz gehörte eine perfekt organisierte Einwegkommunikation, in der Krise muss es aber zu einem Informationsaustausch mit der Bevölkerung kommen. Und während sich die Regierung um eine gezielte Impfkampagne hätte kümmern müssen, war die Kurz-Partie mit dem erschreckenden Bild immer aufs Neue bekannt werdender WhatsApp-Messages und einem Bericht der Wirtschafts- und Korruptionsstaatsanwaltschaft beschäftigt. Am 9. Oktober 2021 musste Sebastian Kurz auf Druck des grünen Koalitionspartners das Kanzleramt verlassen, einige Mitarbeiter ebenso, am 2. Dezember trat er von allen Funktionen zurück, also auch als Obmann der Partei, aus der er eine „Bewegung" mit „Jüngern" gemacht hatte, so die interne Bezeichnung, und die dadurch nun völlig orientierungslos war. Die einst mächtigen Landeshauptleute, die im Frühjahr 2017 hilflos ihre Macht abgegeben hatten, ergriffen sie vier Jahre später wieder dankbar, ohne dass sie über ihr eigenes Versagen in diesen Jahren reden wollten. Am Ende gab es auch in der ÖVP viele Verwundungen, die ebenfalls noch lange nicht geheilt sind. Diese jetzt zu verdrängen wäre zwar typisch für Österreich, aber sicherlich der falsche Weg.

So muss im 77. Jahr des Bestehens der Zweiten Republik ein Prozess der Heilung beginnen. Die Verwundungen, die vielen

Institutionen von der Justiz bis zum Parlament angetan wurden, gehören dabei ebenso aufgezeigt wie die Verwundungen vieler Menschen. Meine persönlichen sind geheilt. Am größten waren die Enttäuschungen, die sich aus mangelnder Loyalität ergaben – ein Phänomen nicht nur der Politik, sondern auch des Journalismus. Aber ich bekam die Chance auf eine neue Betätigung: den aktiven Einblick und die Mitarbeit in der Politik. Auch an dieser Stelle ein klares Wort: Es ist um vieles einfacher, die Politik zu beobachten und zu kommentieren, als selbst Entscheidungen zu treffen, oft Freiwild für Beschimpfungen in den sozialen Medien und Ziel von Lügen politischer Gegner zu werden. Und noch ein Rat: Wenn Sebastian Kurz klug ist, beschäftigt er sich mit seinen Verwundungen etwas ehrlicher als beim Rücktritt, da beklagte er sich noch, dass er „gejagt wurde". Von wem, außer von seinem Ehrgeiz? Der ehemalige Höchstrichter und Justizminister der Regierung Bierlein, Clemens Jabloner, erklärte Anfang Juli 2022 bei einem Symposium der Boltzmann-Gesellschaft: „Die Art, wie unter Kurz 1 regiert wurde, war ein erster Weg in eine andere Staatsform." Und nachher meinte er noch: „Irgendjemand muss das ja sagen." Ja, die österreichischen Eliten waren sehr zurückhaltend oder sie wollten nicht wahrhaben, wie sehr Kurz in Richtung eines autoritären Staates marschierte.

Das Land Österreich muss seinen Heilungsprozess beginnen. Dazu gehört eine Analyse der Entwicklungen der letzten Jahre, gefolgt von konkreten Ideen, wie wir im schnellen Wandel der Digitalisierung mit ihren neuen Medien als offene und demokratische Gesellschaft bestehen, die nicht von Propaganda gesteuert wird und dem nächsten Verführer nachläuft. Dazu werden hier viele Ideen präsentiert, die unser Land und seine

Institutionen grundsätzlich verbessern würden, und damit auch das Leben der Menschen in Österreich. Wir müssen zu mehr Teilhabe der Menschen in unserer sich ständig verändernden Gesellschaft kommen. Denn wenn die Wirtschaft nicht mehr wächst, die Inflation aber steigt, tauchen vermeintlich neue, aber in Wirklichkeit alte Fragen von Verteilungsgerechtigkeit auf, denen sich die Politik zu stellen hat. Erinnern wir uns: Die vielen Kundgebungen gegen die Corona-Maßnahmen wurden zum Teil politisch missbraucht. Sie zeigten aber auch Ängste auf und völliges Misstrauen der Teilnehmer*innen gegenüber „Mächtigen". Diese Ängste sind nicht so leicht identifizierbar, daher bieten sie einen idealen Nährboden für Verschwörungen aller Art. Eine unsichere, verletzte Gesellschaft sucht Heilung; eine Gesellschaft, die – nicht zum ersten Mal – auf einen großen Blender hereingefallen ist, braucht Orientierung.

Der im März 2022 verstorbene frühere ÖVP-Obmann Erhard Busek berichtet im Vorwort zu meinem Buch „Kurz und Kickl" von einer Diskussion mit dem damaligen Innenminister Herbert Kickl, wo dieser meinte, die Politik müsse Angst machen, um etwas zu verändern. Busek widersprach, aber heute erleben wir, dass die Angst, die die Politik in den letzten Jahren verbreitet hat, massiv auf die Gesellschaft drückt und in der anhaltenden Krise den sozialen Ausgleich noch schwieriger macht, zuerst in der Pandemie und jetzt bei den rasant steigenden Preisen. Gerade jetzt müssen wir Rücksicht auf diejenigen nehmen, die sich zunehmend ausgeschlossen fühlen, und zwar materiell, durch finanzielle Hilfe, solange die Inflation anhält. Außerdem kann nur ehrliche und offene Kommunikation auf Augenhöhe Angst nehmen. Die hat leider in den letzten Jahren bewusst nicht stattgefunden.

Der Psychiater Erwin Ringel (1921–1994) ist einer der besten Analytiker der „österreichischen Seele", wie auch eines seiner Bücher heißt. Die Neurosen der Österreicher hängen für ihn stark mit der verwundeten Kinderseele zusammen, weil es von jeher nur drei Erziehungsziele gebe: „Gehorsamkeit, Höflichkeit und Sparsamkeit." Dazu kommt „die Bereitschaft des Österreichers zu devotem Dienen", wie Ringel schreibt. Eine Mischung, die ständig Angst erzeugt, umso mehr, weil die Menschen in Österreich nach 1945 sehr viel erreicht haben und deshalb auch sehr viel verlieren können, wie ja auch vergangene Generationen Niederlagen und Abstiege erlebten. Und so ist Angst auch ein beständiger Faktor der österreichischen Innenpolitik. In Grillparzers „König Ottokars Glück und Ende" wird die berühmte Rede Ottokar von Horneks an Rudolf von Habsburg zu einem zwiespältigen Lob für die Österreicher.

„Der Österreicher denkt sich sein Teil und lässt die andern reden." Für diese Stelle gibt es im Burgtheater gerne Szenenapplaus. Feigheit als bürgerliche Tugend? Sicher ist: Wenig ausgeprägter Mut und mangelnde Ehrlichkeit haben in Österreich in der politischen Debatte Tradition. Aber warum ist das so? Da hilft ein genauer Blick in ein Standardwerk unserer Geschichte: „Der Kampf um die österreichische Identität" von Friedrich Heer. Der 1983 verstorbene Historiker ist der Vorzeigeintellektuelle, der Begeisterung für die vielfältige, widersprüchliche Geschichte unseres Landes persönlich leidend mit schmerzhafter Kritik verbindet. Er war ein Katholik, der an seiner Kirche litt und ein Patriot, der um die richtige Sicht seiner Heimat stritt. Allein diese These Heers beweist die Komplexität unserer Existenz: „Es gibt kein historisches Gebilde in Europa, das so sehr außengesteuert ist wie Österreich." Andere Länder

„erlebten mannigfache Einwirkungen von außen, aber keine ‚Invasionen' von außen, die ihre Identitätserfahrung zutiefst treffen, verletzen, spalten, verändern wie in den österreichischen Landen vom 16. bis zum 20. Jahrhundert." Heer beschäftigt sich auch mit der Rolle der Religionen. Auf der einen Seite steht der „Glaube an das Heil aus der deutschen Sprache, aus der Sprache Luthers …" Auf der anderen Seite steht das Credo, das uns heute noch formt: „Der andere Glaube, an die österreichische Nation, artikuliert sich nur schwer: Katholische ‚Sprachlosigkeit', katholische Spracharmut und eine bäuerliche Schwierigkeit, sich in einer Schriftsprache ‚auszudrücken'." Luthers Religion des Wortes hat sich in Österreich nur in Enklaven durchgesetzt, erfolgreich war hingegen eine andere Religion, die Heer so beschreibt: „Die Kultur der Sinne und der Sinnlichkeit, des Theaters und des großen Festspiels, der Prozessionen und der Predigt." Nein, Sebastian Kurz hat weder Heer gekannt, noch hätte er diese These verstanden. Aber er hat eine Zeit lang gut davon gelebt, auf Image und Inszenierung statt auf Inhalte zu setzen.

In einer Krise spüren wir die Abhängigkeit von bildhaften Symbolen und unsere wenig gefestigte Identität, an der so oft und so lange gezweifelt wurde, besonders. Beim Krieg Putins, den er am 24. Februar 2022 gegen die Ukraine begonnen hat, wurde sofort klar, dass der Mythos rund um die Neutralität Österreichs jede rationale Diskussion unmöglich macht. Dabei geht es der ÖVP schon wieder nur um Umfragen. Dass Putin die bündnisfreie Ukraine bombardieren ließ, änderte nichts an der Zustimmung zur Neutralität in Österreich und an der Illusion, durch diese einseitige Erklärung aus dem Jahr 1955 geschützt zu sein. Die Neutralität war notwendig, um im Mai 1955 den Staatsvertrag und damit die Unabhängigkeit zu erlangen. Aber seither hat sich die politische Weltlage zweimal grundlegend verändert: Zunächst durch den Fall der Mauer im November 1989, die darauffolgende Auflösung der Sowjetunion und die Erweiterung der EU und der NATO. Und dann, am 24. Februar 2022, als Putin nicht nur zum zweiten Mal nach 2014 die Ukraine überfiel, sondern auch noch dem Westen mit Atomkrieg drohte.

Immerhin trat die Europäische Union geeint auf, Sanktionen gegen Russland wurden mit den USA, aber auch mit Großbritannien und der neutralen Schweiz abgestimmt. Die kommenden Herausforderungen wird Europa jedoch nur bestehen, wenn die wirtschaftlich starke EU ein politischer Faktor wird, der auch militärisch geeint auftritt und wenn wir uns gemeinsam kommenden Herausforderungen stellen. Frieden und Freiheit sind in Europa auf einmal nicht mehr selbstverständlich. Darauf müssen wir uns in Österreich einstellen, mit einer offenen Debatte, wie die Sicherheit der Menschen gewährleistet wird. Ein Mythos allein wird das nicht schaffen. Hier hat die Politik die Verpflichtung, über Fakten zu reden und nicht schon wieder ängstlich auf Umfragen zu starren. Darüber hinaus schadet die Aufteilung – hier unser Heimatland, dort die EU mit den „Bürokraten der Kommission" –, wie sie in vielen Ländern bei innenpolitischen, nationalistisch geprägten Debatten vorkommt, uns allen. Leider ist auch Bundeskanzler Karl Nehammer bei der Diskussion über ein Embargo für Öl und Gas in diese populistische Diktion verfallen. Putins Aggression beweist uns jeden Tag, dass uns liberalen Gesellschaften der EU ein großes Interesse eint, nämlich in Frieden und Freiheit zu leben.

Die Regierungszeit Kurz kann im Idealfall eine Zäsur darstellen. Schluss mit persönlichen Abhängigkeiten, Schluss mit der kleinen und der großen Korruption, mit der Zerstörung von Institutionen, mit dem Missbrauch von Medien durch Inseratenkorruption. Missstände gab es schon davor, aber Kurz' System hat alles so zugespitzt, dass niemand mehr wegschauen kann, und so viel zerstört, dass wir einen grundlegenden Wiederaufbau unserer demokratischen Institutionen brauchen. Wir müssen hinschauen, damit sich die vergangenen Irrwege, die zu Verstörung geführt haben, nicht wiederholen. Wir müssen Fragen zulassen und Antworten darauf suchen, warum es sich viele Menschen in Österreich gefallen ließen, als Wegbereiter eines zunehmend autoritären Systems und als Diener einer hohlen Führerfigur missbraucht zu werden. Die Österreicher*innen müssen lernen, sich nicht nur ihr „Teil zu denken", wie es bei Grillparzer heißt, sondern auch Missstände anzusprechen. Und unsere Gesellschaft muss wieder stärker zusammenwachsen, Ausgleich finden, statt Spaltung und Feinde zu suchen. Aus all diesen Gründen ist das Vertrauen so niedrig wie nie zuvor. Claus Pándi sieht als Ursache dafür „die unaufhörliche Scharlatanerie in der hiesigen Politik". Nun trifft uns die größte Wirtschaftskrise der Zweiten Republik, die sich zu einer schweren Gefährdung des sozialen Friedens auswachsen kann, in folgendem Zustand: verstört durch eine verantwortungslose Politik, wo durch Scharlatanerie auch noch jedes Vertrauen zerstört ist. Da hilft nur eine ehrliche Analyse, ein Eingeständnis der Fehler durch die Regierung und ein offener Dialog, wie die Gesellschaft zusammengehalten werden kann. Wer in den letzten Jahren von Wachstum und Globalisierung profitiert hat, kann etwas abgeben, wer sich das Leben nicht mehr leisten kann, muss unterstützt werden. Ganz grundsätzlich hat das Erhard Busek noch vor der Krise angesprochen. Busek regte an, „in einen Dialog mit Bürgerinnen und Bürgern einzutreten, was wir wirklich für ein auskömmliches Leben brauchen." Busek spricht auch von „Maßhalten, sich selber Grenzen setzen." Damit sind wir bei der ökologischen Herausforderung, unser Leben so zu verändern, damit Leben auf der Erde überhaupt möglich bleibt. Nach den Jahrzehnten des Wachstums und den Jahren der Egozentrik in der Politik ist das die große Herausforderung – im Dialog mit der Bevölkerung zu gemeinsamen Änderungen unseres Verhaltens zu kommen. Die „Suche nach dem Ausgleich in der Gesellschaft" ist nur der erste von zehn Punkten, die zur Heilung unserer verstörten Republik beitragen sollen.

DIE SUCHE NACH DEM AUSGLEICH IN DER GESELLSCHAFT

In der Pandemie tauchte eine Berufsbezeichnung auf, die vielen davor nicht bekannt war: die der Komplexitätsforschung. Komplexität ist das Maß für die Menge an Überraschungen, mit denen man rechnen muss, lautet eine gängige Definition. Komplexe Systeme verfügen laut Gabler Wirtschaftslexikon über eine große Anzahl an Elementen, Vernetztheit und Intransparenz. Komplexe Systeme entwickeln in der Regel eine Eigendynamik. Vertreter*innen der Komplexitätsforschung standen der Politik beratend zur Seite, wurden aber leider nicht immer gehört, was die Lage noch komplexer machte und daher Lösungen noch schwieriger zu finden waren.

Was für die Zeit der Pandemie in einem noch überschaubaren Maß zutraf, das gilt für unsere Gesellschaft erst recht, wobei deren Komplexität noch ungleich größer ist. Das ist heute den Menschen auch viel bewusster als noch vor ein paar Jahren und löst enorme Unsicherheit aus, und das in einem Land, in dem Sicherheit immer als wesentlicher Wert galt – oft mehr als Freiheit. Ausbildungswege sind vielfältiger, oft komplizierter geworden und dadurch schwieriger zu überblicken, Karrieren sind nicht mehr so gut planbar, Berufsbilder vielschichtiger und ständiger Veränderung unterworfen. Der Widerspruch zwischen Kapital und Arbeit wird durch die Digitalisierung teilweise aufgehoben, wenn die Arbeit am eigenen Computer mit entsprechenden Kenntnissen oder mathematisches Verständnis der Finanzmärkte mehr Wohlstand verschaffen können als eine veraltete Produktionsstätte. Dazu kommt, dass das Vertrauen in so gut wie alle staatlichen, aber auch religiösen Institutionen sinkt, in die klassischen Medien ebenso. Informationen werden zunehmend skeptisch betrachtet, die sozialen Medien wiederum bauen auf Emotionen und Erregung auf. Genau das nutzen Parteien und Organisationen, um Menschen emotional an sich zu binden, bevorzugt durch Verunsicherung und Unwahrheiten. Wie so oft waren uns hier die Vereinigten Staaten von Amerika voraus, wo Lügengeschichten über Hillary Clinton, etwa über einen angeblichen Pädophilenring in einer Pizzeria in Washington, den Wahlkampf 2016 maßgeblich beeinflussten. Die Covid-Pandemie bot dann ebenfalls ungeahnte Möglichkeiten an Falschmeldungen: vom angeblichen Chip des Bill Gates, der über die Impfung weltweit in die Menschen eingepflanzt würde, bis zu obskuren Heilmethoden wie der eigenmächtigen Behandlung mit Desinfektionsmitteln, an denen Menschen starben. Das von FPÖ-Chef Herbert Kickl empfohlene Entwurmungstitel Ivermectin ist im Idealfall wirkungslos, führte aber leider auch zu Vergiftungen.

In einer Demokratie werden Entscheidungen im Idealfall von der jeweiligen Mehrheit getroffen, meistens im Parlament, manchmal auch durch Volksentscheide. Für den gesellschaftlichen Ausgleich arbeiten unterschiedliche Gremien zusammen, über lange Zeit entwickelte Systeme verfügen dabei über einen ausgeprägten Schutz von Minderheiten. Organisationen der

Zivilgesellschaft bringen sich auf verschiedenen Ebenen ein, die digitalen, nicht immer sozialen Medien bieten dazu neue Plattformen. Konfrontationen zwischen einzelnen sich gegenüberstehenden Gruppierungen sollen so ausgetragen werden, dass sich alle Bürger*innen als Teil des Gemeinwesens sehen können, sich vor allem auch emotional eingebunden fühlen. Das funktioniert aber nur so lange, wie es so etwas wie eine kollektive Vernunft gibt. Dazu gehört eine Übereinstimmung darüber, was richtig und was falsch ist, sowie Einigkeit über wesentliche Perioden der Geschichte und über Grundzüge für Ziele der Gesellschaft in den nächsten Jahren. So gesehen hat die Pandemie nur offengelegt, was sich seit vielen Jahren zuspitzt: Es gibt immer weniger Konsens, dafür aber immer mehr Gräben in der Gesellschaft, die nicht angesprochen wurden, solange der Wohlstand zunahm. Dass das zuletzt nur mehr bedingt zutraf, werden wir noch sehen.

In der Geschichte der Zweiten Republik spielten immer der Schatten des Bürgerkriegs von 1934 und die darauffolgenden Jahre bis zum Einmarsch der Hitler-Truppen am 12. März 1938 eine Rolle. SPÖ und ÖVP können sich bis heute nicht einmal auf eine gemeinsame Bezeichnung dieser Jahre einigen – „Austrofaschismus“ sagen die einen, unterstützt von den meisten Historiker*innen, „Kanzlerdiktatur“ die anderen. Der jahrzehntelange Streit flammte mitten in der Pandemie plötzlich wieder auf. Engelbert Dollfuß hatte im März 1933 das Parlament aufgelöst, das Wort von der „Selbstausschaltung“ des Parlaments ist eine täuschende Beschönigung. Erst nach langer Diskussion war das Porträt von Engelbert Dollfuß im Jahr 2017 aus den Klubräumen der ÖVP im Parlament entfernt worden. Plötzlich führte im Dezember 2021 die Person des von Nazis ermordeten Bundeskanzlers und Diktators wieder zu Diskussionen und Polemiken. Denn in seinem Geburtsort Texing wird ein Dollfuß-Museum betrieben, und genau dort war Gerhard Karner Bürgermeister, der im Dezember 2021 als Innenminister angelobt wurde. Schon wieder warf die Geschichte ihre Schatten über die Innenpolitik, wo ruhige Debatten kaum noch möglich sind. Immerhin: In einem ZiB2-Interview erklärte Karner, angesprochen auf das Wort Austrofaschismus: „Auch dieser Begriff ist möglich." Dass die Diktatur von Dollfuß und dann von Kurt Schuschnigg wesentliche Anzeichen des Faschismus enthielt und nachhaltigen Schaden in der österreichischen Gesellschaft hinterließ, wollen manche in der ÖVP aber noch immer nicht laut aussprechen.

Während seit den 1990er-Jahren die Zustimmung zu den ehemaligen Großparteien ÖVP und SPÖ kontinuierlich sinkt, wurde die Parteipolitisierung noch massiver betrieben, bei Personalbesetzungen hatte das ohnehin Tradition, machte sich aber bei Sachentscheidungen bemerkbar. Dort, wo die FPÖ Einfluss bekam, übernahm sie schnell die alten, von ihr stets kritisierten Methoden. Alles nach dem Motto: Der politische Mitbewerber darf niemals recht haben. Und wenn er als Feind gesehen wird, erst recht nicht. Die schwarz-blaue Koalition unter Bundeskanzler Wolfgang Schüssel zwischen 2000 und 2006 verschärfte die Auseinandersetzung zwischen den beiden ehemaligen Großparteien, aber die Sozialpartnerschaft sorgte für den Erhalt eines Grundkonsenses. Sebastian Kurz wollte diesen beenden. Im *KURIER*-Talk rund einen Monat vor den Nationalratswahlen des 15. Oktober 2017 erklärte er, er halte es für problematisch, wenn Sozialpartner bei Regierungsverhandlungen am Tisch sitzen würden. Das Problem seien dabei nicht so sehr die Sozialpartner, sondern die „zu schwache Regierung". Das werde er ändern, er forderte gar nach deutschem Vorbild eine Richtlinienkompetenz für den Kanzler, die er allerdings nicht bekam. Die Sozialpartner nahmen das nicht so ernst. ÖVP-Lehrergewerkschafter Paul Kimbacher meinte damals dazu, auch Kurz werde verstehen, dass er Reformen nur mit den Betroffenen durchführen könne, und aus dem Wirtschaftsbund hieß es, dann werde eben nicht der Wirtschaftsbund-Generalsekretär Peter Haubner am Verhandlungstisch sitzen, sondern der ÖVP-Abgeordnete Haubner. So war es dann auch. Wie so oft bei Kurz war nur der äußere Anschein wichtig.

Diese Geschichte zeigt, dass sich in Österreich die Sozialpartner nicht so schnell verdrängen lassen, und beim Ausgleich der Kräfte spielen sie eine wichtige Rolle, weil die sogenannte Zivilgesellschaft nicht stark genug auftritt. In der Pandemie wurden die Kammern und der ÖGB sogar gestärkt. Zum Zusammenhalt der Gesellschaft trugen sie nach außen kaum bei, im Hintergrund beeinflussten sie Entscheidungen, von der lange diskutierten, dann beschlossenen und doch wieder sistierten Impfpflicht bis zur Öffnung von Geschäften. Wenig hilfreich waren sie beim Versuch, mehr Menschen zu den Impfstraßen zu bewegen, auch wenn das Versagen grundsätzlich bei der Regierung lag. Auch die Medien führten die Menschen nicht zusammen, sondern sorgten für weitere Spaltung: die klassischen, weil ihnen vor allem Impfgegner*innen nicht glaubten und vieles nicht ausreichend erklärt wurde, und die sozialen Medien leben ja geradezu von Streit und Aufregung und nicht von Verständnis und Konsens.

Deutschland erlebte im Herbst 2021 einen sehr sachorientierten Wahlkampf, und als Olaf Scholz seine Ampelkoalition aus SPD, Grünen und FDP formte, bekamen er und die Vertreter*innen der anderen Parteien Glückwünsche von der geschlagenen Union, was im österreichischen politischen Klima überraschte. Wie groß traditionell der Unterschied zwischen Österreich und Deutschland ist, lernte ich in vielen Jahren in Bonn und Berlin, zunächst im Frühjahr 1984 als junger Korrespondent des ORF in Deutschland. Regelmäßig berichtete ich vom Streik der Metaller für die 35-Stunden-Woche. Rund sieben Wochen lang wurde der Kampf zwischen Gewerkschaft und Metallindustrie sehr heftig ausgetragen, gerade auch in Baden-Württemberg, wo die Autoindustrie großen Wohlstand gebracht hatte. In Österreich hatte es im Jahr zuvor nur rund 4000 Streikstunden gegeben. Niemand wollte mir glauben, dass es so gut wie nie zu Streiks kommt.

Es gab auch Jahre mit deutlich mehr Streikstunden, aber Große Koalitionen und Sozialpartnerschaft hatten nach dem Zweiten Weltkrieg für sozialen Ausgleich gesorgt. Der Preis dafür waren Parteienproporz bei der Besetzung vieler Posten, die Verzögerung notwendiger Reformen und Mangel an offenen Debatten. Später kam noch eine gewisse Hilflosigkeit gegenüber dem Populismus von Jörg Haider dazu. Es ist kein Zufall, dass der rechte Populismus seine ersten Erfolge in Europa ausgerechnet in Österreich feierte. Das Machtkartell aus Roten und Schwarzen bot eine ideale Reflektionsfläche für einen Politiker, dem es gelang, sich selbst anzupreisen, während er angeblich nur das Wohl der Bevölkerung im Kopf hatte. Und so ließ er plakatieren: „Sie sind gegen ihn, weil er für euch ist." Sebastian Kurz, Haiders gelehriger Schüler in der Rolle des Rechtspopulisten, formulierte es nach seiner Abwahl als Bundeskanzler am 27. Mai 2019 vor begeisterten Fans so: „Heute hat das Parlament entschieden, aber am Ende des Tages, im September, entscheidet in einer Demokratie das Volk." Auf Plakaten hieß es dann: „Das Parlament hat bestimmt, das Volk entscheidet." Jörg Haider hätte seine Freude gehabt, wie hier Parlamentarismus und Demokratie gegeneinander ausgespielt wurden.

Was ist passiert zwischen Haiders Tod am 11. Oktober 2008 und dem Aufstieg von Kurz zum ÖVP-Obmann im Frühjahr 2017? Die ÖVP fand kein Rezept, die ebenfalls ausgelaugten Sozialdemokraten bei Wahlen zu überholen. Wer versprach, das Kanzleramt zurückzuholen, der durfte alle traditionellen Werte der einst selbstbewussten Partei hinter sich lassen, und der durfte auch die stets machtbewussten Landeshauptleute zu schlichten Ja-Sagern degradieren. Sie ließen sich in der Vorstandssitzung der ÖVP am 14. Mai 2017 gerne von Kurz an die Wand drücken, die Drohung einer eigenen „Liste Kurz" stand im Raum. Am Stimmzettel kam die ÖVP dann hinter Kurz, als „Liste Sebastian Kurz – neue Volkspartei". Es wurde sogar eine Änderung der Statuten beschlossen, um Kurz das Durchgriffsrecht in allen Fragen zu übertragen, von allen Personalbesetzungen bis zu Koalitionen. Politische Inhalte spielten keine so große Rolle. Im Übrigen machten die Landeshauptleute ihrem jungen Obmann schon klar, dass es Länderkompetenzen gäbe, wie etwa bei den Spitälern, wo er „nicht einmal hinschauen solle", wie mir einer unter vier Augen verriet. Damit sollten allfällige Überlegungen, das Spitalswesen im kleinen Österreich zentral zu steuern, also den Einfluss der Länder zu begrenzen, von vornherein verhindert werden. Aber um konkrete Vorhaben, das Versprechen „Sparen im System" umzusetzen, ging es ohnehin nie. Das „Projekt Ballhausplatz", das aus der ÖVP ein Heer von türkis gekleideten „Jüngern" – sie nannten sich wirklich so – und aus der Republik Österreich einen Spielplatz für Nachwuchspolitiker*innen und deren Spender*innen machen sollte, hat das Programm der ÖVP ersetzt. Dieses „Projekt Ballhausplatz" aus dem Jahr 2016, das im nächsten Kapitel noch Thema sein wird, war die Anleitung zur Machtübernahme und zum langfristigen Machterhalt. Ideen, was mit der Macht umgesetzt werden solle, finden sich darin nicht. Als der *Falter* am 19. September 2017 über dieses Papier berichtete, wollte die ÖVP zunächst die Echtheit nicht bestätigen. Als sich herausstellte, dass enge Mitarbeiter von Kurz Ergänzungen in die digitale Fassung geschrieben hatten, versuchte man eine Relativierung. Teile des Plans seien echt, andere bestünden nur aus Anregungen außenstehender Personen.

Der US-amerikanische Historiker Timothy Snyder, der unter anderem auch in Wien forscht und lehrt, hat in mehreren Büchern die Aushöhlung der modernen Demokratie beschrieben. In seinem Buch „Der Weg in die Unfreiheit" prägt er zwei Begriffe: Die „Politik der Unausweichlichkeit", die uns Bürger zu denkfaulen Objekten machen soll, die sich nicht um die Weiterentwicklung der Demokratie kümmern, und die „Politik der Ewigkeit", auf die autoritäre Führer zurückgreifen würden.

In einer Rede im Dezember 2019 beschrieb er die „Politik der Unausweichlichkeit" als die trügerische Hoffnung, dass sich demokratische Staaten nach den Erfolgen der letzten Jahrzehnte weiter gut entwickeln würden. Aber die Demokratie sei eben nicht gesichert. Im Gegensatz dazu sieht Snyder die „Politik der Ewigkeit", die gerne von „starken Männern" betrieben würde. Sie hätten zwar keine Lösungen, aber würden durch äußere Gegner ihre Legitimation erklären. Hier haben wir wieder Carl Schmitts Freund/Feind-Schema. Snyder: „Wenn wir unsere Demokratie wiederhaben wollen, wenn wir wollen, dass sie funktioniert, dann müssen wir beginnen, darüber nachzudenken: über die Zukunft, über unseren Weg in die Zukunft und darüber, wie wir die Zukunft wieder zurück in die Politik bringen." Die Zukunft gestalten, das darf die Gesellschaft aber nicht der Politik allein überlassen, und schon gar nicht autoritären Führern. Sebastian Kurz wurde zwar zunächst nicht als „starker Mann" positioniert, aber doch als alleiniger Anführer seiner Partei, dem niemand mehr widersprechen dürfe, im Gegenteil, dem seine „Jünger" folgen müssten, wie sie parteiintern hießen. Denn seine Person sei die Lösung für alle Versäumnisse der Großen Koalition, Sprüche wie „neuer Stil" oder „Sparen im System" sollten Aufbruch signalisieren. In der Kommunikation wurde hauptsächlich mit vielen Bildern gearbeitet, die ihn täglich als denjenigen priesen, der den Großen der Welt, von Merkel bis Trump, und den Wichtigen in Österreich, Industriekapitänen wie Kirchenfürsten, den Weg weist. Einige wenige sahen in diesen gut inszenierten Shows noch bei seinem Abgang den Beweis eines „politischen Talents".

Doch dann kam Corona, da wäre Führungskraft statt Marketingshow gefragt gewesen. In dieser Krise wären auch bewährte Manager*innen an ihre Grenzen geraten, aber wer sein Leben lang nur Politik gemacht hat – das galt nicht nur für Kurz, sondern auch den Großteil seiner Umgebung und der Regierung –, der musste überfordert sein. Und so wurde der Widerspruch zwischen einer perfekten Inszenierung mit täglichen Pressekonferenzen und den leeren und sinnlosen Sprüchen immer evidenter. Einen ernsthaften Dialog mit der Bevölkerung, wie in nordischen Staaten und rund um die Impfung auch in südeuropäischen Ländern, gab es nie. Zunächst wollte Kurz mit Angstparolen richtiges Verhalten erzwingen. Er warnte vor „100.000 Toten" und erklärte am 30. März 2020 im ORF: „Bald wird jeder von uns jemanden kennen, der an Corona gestorben ist." Am 28. August 2020 wiederum verkündete er „Licht am Ende des Tunnels". Im März 2021 versprach Kurz, dass Österreich den Grünen Pass schon im April haben werde, was ebenso wenig stimmte wie die Ankündigung im April, dass bis Ende Juni jeder die erste Impfung haben könne. Der russische Impfstoff Sputnik wurde versprochen, kam aber nie, obwohl Kurz intern sogar über eine eigene Produktion in Österreich fantasierte und mit Vertretern der russischen Regierung darüber sprach, wohl wissend, dass dieser in der EU nicht genehmigt war. Dann versprach er einen „coolen Sommer", und im Herbst 2021 folgte die Versicherung, dass es keinen vierten Lockdown geben werde. Am 19. November wurde er dann doch verkündet. Zu dem Zeitpunkt war Kurz bereits doppelter Ex-Kanzler, sein Versuch, diese von den Expert*innen empfohlene Entscheidung zu torpedieren, war gescheitert. Vorher hatte er noch dafür gesorgt, dass intern über einen möglichen Lockdown nicht gesprochen werden durfte, aber der Machtverlust war nicht mehr aufzuhalten. Die Umfragen, seit 2016 treue Begleiter des Aufstiegs, wiesen den Weg zum Abstieg. Angesichts der offensichtlichen Probleme ließen sich immer weniger Menschen durch treuherzige Auftritte verführen.

So kann auch in einer Demokratie die „Politik der Ewigkeit" dafür sorgen, dass eine überforderte Regierung ständig Außenfeinde sucht, um zu überleben. Es muss immer jemand anderer Schuld sein: die Opposition, die Bundesländer, das „Ausland", die Europäische Union oder generell „Flüchtlinge". Irgendetwas passt immer. Kein Zufall, dass auch während der Corona-

Krise durch die Abschiebung von Kindern versucht wurde, die Öffentlichkeit abzulenken. Karl Nehammer spielte als Innenminister gerne die Rolle des Exekutors von Bescheiden. Folgerichtig gab es nach der Übernahme der Macht durch die Taliban im Sommer 2021 schnell viele markige Wortmeldungen von ÖVP-Politiker*innen, sicher keine Menschen aus Afghanistan aufnehmen zu wollen, obwohl ohnehin kaum jemand das Land verlassen konnte. Bei der überraschenden Verkündung einer Impfpflicht am 19. November 2021 ohne vorherige öffentliche Diskussion kamen auch schnell Zweifel auf, ob es da ausschließlich um gesundheitspolitische Gründe ging. Eine neuerliche Spaltung der Gesellschaft war zu befürchten, weil es nicht nur radikale Impfgegner gab und gibt, sondern auch Bürger*innen, deren Bedenken ernst genommen werden sollten.

Die Demonstration von rund 40.000 Menschen gegen die Corona-Maßnahmen der Regierung am 20. November 2021 in der Wiener Innenstadt war eine besorgniserregende Mischung von Ängstlichen über Besorgte und Impfgegner bis zu einigen organisierten Rechtsextremen. Dass ausgerechnet FPÖ-Chef Herbert Kickl, infiziert und aus der Corona-Quarantäne heraus vom „Beginn einer Diktatur" sprach, weil die Regierung eine Impfpflicht angekündigt hatte, war dann doch kurios. Im Rahmen der Diskussion um die sogenannte Sicherheitshaft hatte er selbst als Innenminister im Jänner 2019 im ORF-Report von „irgendwelchen rechtlichen Konstruktionen" gesprochen, und dann: „Denn ich glaube immer noch, dass der Grundsatz gilt, dass das Recht der Politik zu folgen hat und nicht die Politik dem Recht."

Kurz und Kickl – beide bauten ihren politischen Erfolg auf Ausgrenzung und Radikalisierung auf, der eine mit strenger

Miene, der andere mit freundlichem Gesicht. Beide wollten autoritär regieren, eine Zeit lang durchaus gemeinsam. Als das an Ibiza scheiterte, setzten beide unabhängig voneinander auf die Täter-Opfer-Umkehr. Kickl fühlt sich von den Medien verfolgt, Kurz vom Staatsanwalt. Sie passen besser zusammen, als ihnen nach außen lieb ist.

Als die Wirtschafts- und Korruptionsstaatsanwaltschaft (WKStA) im Mai 2021 Ermittlungen gegen Sebastian Kurz wegen falscher Zeugenaussage vor dem Ibiza-Ausschuss aufnahm, erklärte dieser zunächst noch entspannt, er werde gerne „seine Sicht der Dinge schildern" und habe „sicher nicht falsch ausgesagt". Dann aber verwandelte er sich in ein armes Opfer. Es sei eine „aufgeheizte Stimmung" im Ausschuss gewesen, es werde versucht, „einem das Wort im Mund umzudrehen" und „irgendwie in eine Falschaussage hineinzudrängen". Liest man das Protokoll der vierstündigen Befragung, kommt man zu einem anderen Bild. Kurz erklärte sich zum „Gast im Ausschuss", der gerne Auskunft geben werde, er erzählte vom Wahlkampf und vom Alltag der Regierungsarbeit. Wenn es für ihn unangenehm wurde, reagierte er gereizt, wie *Der Standard* schrieb. Und manchmal sogar aggressiv. Nach der Befragung plauderte er noch gelassen mit den Medien und gab bereitwillig Interviews, ohne sich über eine „aufgeheizte Stimmung" zu beklagen. In die Opferrolle schlüpfte er erst, als die Ermittlungen wegen falscher Zeugenaussage aufgenommen wurden. Das musste die WKStA nach einer Anzeige der NEOS, weil sie einen Anfangsverdacht sah. Die Opferrolle hat Kurz dann noch einmal personalisiert, indem er erklärte, der NEOS-Abgeordnete Brandstätter sei schuld an einem Missverständnis. Die Frage an Kurz lautete: „Bis zu dem Zeitpunkt, an dem er (Thomas Schmid) Ihnen gesagt hat, ‚Ich möchte mich für diesen ausgeschriebenen Posten bewerben', haben Sie mit ihm nie darüber gesprochen, dass er das werden könnte?“ Kurz: „Nein, es war allgemein bekannt, dass ihn das interessiert, und es war sicherlich so, dass immer wieder davon gesprochen wurde, dass er ein potenziell qualifizierter Kandidat wäre.“ Zuvor hatte Kurz erklärt, Schmid habe ihn irgendwann informiert. Da es unzählige Chat-Protokolle gibt, wo sich Kurz und Schmid über Details der Bewertung und Tätigkeit bei der ÖBAG austauschten, sah die WKStA den Anfangsverdacht gegeben. Da sich der damalige Bundeskanzler aber nicht den ermittelnden Staatsanwälten zur Befragung stellen wollte, durfte er vor einem Richter aussagen. Laut Protokoll hat Kurz dem Richter Folgendes erklärt: „Wenn ich auf Brandstätter mit ‚Na' ablehnend reagiere, tut man so, als wäre es eine inhaltliche Antwort. Wenn ich vom Brandstätter was höre, nehme ich immer eine ablehnende Haltung ein.“ Allein diese Aussage ist eine Antwort auf die Frage, wer eine persönliche und zugleich abwertende Note in die Politik brachte.

Unsere Gesellschaft muss aus dieser Kurz-Kickl-Logik des autoritären Denkens heraus, muss das Freund-Feind-Schema beenden und die Opferrolle aus dem Drehbuch der politischen Auseinandersetzung streichen. Aber leider passte die Pandemie wieder beiden ins Konzept. Kurz rief zu Beginn des Sommers 2021, damals noch als Bundeskanzler, gegen jede wissenschaftliche Erkenntnis das Ende der Pandemie aus – aber nur für die Ungeimpften, wie er später bemerkte. Eine Idealvorlage für den FPÖ-Chef Kickl, der sich zum Beschützer aller Ungeimpften bis hin zu den radikalen Corona-Leugnern aufspielte.

Zu einem neuen Ausgleich in dieser komplexen Situation kommen wir nur durch mehr Vertrauen in der Gesellschaft, vor allem Vertrauen gegenüber den Institutionen und Vertrauen in Erkenntnisse der Wissenschaft. Angesichts einer der größten Herausforderungen seit Langem kann das entscheidend für unsere Zukunft sein. Denn die Klimakrise müssen wir gemeinsam verstehen, und wir werden sie weder im Konflikt noch durch Anordnung von oben bewältigen, sondern nur im gesellschaftlichen Ausgleich. Auch hier haben die Sprüche des Herrn Kurz nur geschadet. Er lehnte jegliche Veränderung des Verhaltens der Menschen ab und meinte gegenüber den *Vorarlberger Nachrichten*: „Ich bin überhaupt nicht der Meinung, dass unser Weg zurück in die Steinzeit sein sollte." Nein, es geht ja auch nicht um eine Rückkehr in die „Steinzeit", wie er meinte, wohl ohne zu wissen, welche Periode der etwa 2,6 Millionen Jahre dauernden Steinzeit er überhaupt meinte. Leider wurde er von keinem Medium dazu befragt.

Ein gesellschaftlicher Ausgleich wird einige Zeit und konkrete Maßnahmen brauchen. Beginnen wir mit dem Abbau von Frontstellungen. Diese wurden in der Pandemie aufgebaut – etwa Bundesregierung gegen Wien. Sinnlose Konfrontationen gibt es im Parlament, wo die Mehrheit der Opposition aus Prinzip nicht recht geben will. Geradezu gefährlich ist die Ablehnung von wissenschaftlichen Erkenntnissen durch eine wachsende Gruppe der Bevölkerung, die nur durch transparente Information abgebaut werden kann. Und durch viele Erklärungen, dass nur Erkenntnisse von Wissenschaft und Forschung unser heutiges Leben, die Heilung von Krankheiten, viele Bequemlichkeiten, die digitale Kommunikation und noch viel mehr möglich machen.

Die Regierungen in Bund und Ländern werden Vertrauen nur aufbauen können, wenn es endlich Transparenz bei ihren

Entscheidungen gibt. Das gilt in besonderem Maß bei der Besetzung öffentlicher Posten, weil hier die Aufmerksamkeit und die Empfindlichkeiten groß sind. Aber auch die vielen Förderungen, die Bund und Länder verteilen, müssen transparent werden. Für Krisenfälle müssen bewährte Manager*innen eingesetzt werden, die von Sachentscheidungen und nicht von Eitelkeiten geleitet werden. Da stellen die digitalen Bildermedien eine große Versuchung dar, aber wir erleben ständig, wie schnell Instagram-Fotoshows zur Peinlichkeit verkommen und Twitter nicht nur Botschaften, sondern auch Bosheiten transportiert. Wir müssen Räume für den demokratischen Diskurs definieren, etwa durch regelmäßige öffentliche Veranstaltungen des Parlaments mit NGOs und Gruppen der Zivilgesellschaft. Hier hat die österreichische Gesellschaft eine Stärke: Gerade die sozialen Organisationen, von der Caritas über die Diakonie bis hin zum Roten Kreuz und zur Volkshilfe, leisten Großartiges, viele Freiwillige zeigen soziales Engagement. Diese Gruppen müssten viel stärker in den öffentlichen Diskurs eingeschlossen werden.

Wer die dramatischen Veränderungen verstehen will, braucht die nötige Bildung. Wir haben seit 2017 immerhin eine Ausbildungspflicht bis zum 18. Lebensjahr. Aber das reicht nicht, Jugendliche sind in ihrer Entwicklung sehr unterschiedlich. 17 Prozent der 15-Jährigen haben Probleme beim Verstehen einfacher Texte. Wie kann sich unsere Gesellschaft mit diesem Missstand abfinden? Die Schulen müssen auf Kritikfähigkeit und Diskurs ausgerichtet werden und darauf, dass Jugendliche das Lernen erlernen. Dazu gehört u. a. auch ein Schwerpunkt „Digitalisierung in allen Schulen". In diesem Bereich sind wir in Europa bestenfalls Mittelmaß. Teilhabe an der Gesellschaft verlangt die Kenntnis der Werkzeuge dazu. Es genügt nicht, sich über „Querdenker" zu alterieren, die online allen möglichen Blödsinn weiterverbreiten. Die Aufgabe aller Bildungseinrichtungen ist es, das Denken zu schulen, Rechercheergebnisse im Internet auf ihre Glaubwürdigkeit zu überprüfen und das Argumentieren zu lehren.

Je besser Jugendliche ausgebildet werden, umso weniger sind sie später anfällig für politische Verführungen aller Art. Ein Lernziel ist es, zu begreifen, dass staatliche Institutionen für alle da sein müssen und Schwächere eher auf sie angewiesen sind als Stärkere. In einer Gesellschaft des Zusammenhalts ist das auch selbstverständlich.

DIE STÄRKUNG DER STAATLICHEN INSTITUTIONEN

Sie wirkt müde und ausgelaugt, die Republik Österreich. Das liegt zunächst natürlich an den zweieinhalb Jahren Corona, auf die Regierung und Bevölkerung nicht vorbereitet waren, obwohl nicht nur Bill Gates, sondern auch eine Analyse des Österreichischen Bundesheeres im Jahr 2019 im Bericht „Unser Heer 2030" vor einer Pandemie gewarnt hatte. Dazu kamen die vielen bundesweiten Wahlen und Regierungswechsel in ungewohnt kurzer Zeit. Im Jahr 2016 musste der zweite Durchgang der Präsidentschaftswahlen nach einer Wahlanfechtung wiederholt werden, dann konnte es Sebastian Kurz im Frühjahr 2017 nicht erwarten und rief zu vorzeitigen Neuwahlen. Er beendete zwei Jahre später die türkis-blaue Koalition, in der Hoffnung, bei Neuwahlen vom Ibiza-Video zu profitieren. Und im Jahr 2021 dauerte die Regierungskrise mehrere Monate und führte zum Drei-Kanzler-Herbst, über den sich sogar Bundespräsident Alexander Van der Bellen amüsiert zeigte. Er lese alle Witze über die vielen Angelobungen. So hieß es, dass aus der roten Tapetentür in der Hofburg eine Drehtür geworden sei. „Irgendwie schon schön, dass uns trotz allem der Schmäh nicht ausgeht." Im Februar 2022 kam der Krieg in der Ukraine dazu, dessen Auswirkungen in Österreich sofort spürbar waren: durch die Ankunft von Vertriebenen, die aber zumeist wohlwollend aufgenommen wurden, und durch steigende Preise nicht nur bei Benzin und Gas. Und wieder stieg die Verunsicherung, weil es keine Debattenkultur gab und die Regierung nicht zu einem Gesamtplan fähig war. Reisen der „Rohstoffministerin" Elisabeth Köstinger, wie sie sich plötzlich nennen ließ, waren wieder nur die übliche Foto-Show. Mitte Mai 2022 trat Köstinger dann zurück, ihr aus vielen Kompetenzen zusammengestückeltes Ministerium wurde wieder aufgeteilt. Ohne Rückhalt einer Landespartei kann man in der ÖVP ohne starken Beschützer nicht lange überleben.

Die Institutionen des Staates haben das Land nach dem Zweiten Weltkrieg recht verlässlich organisiert. Die Bürokratie wurde oft zu Recht als überbordend und zu kompliziert beschrieben, die Parlamente in Bund und Ländern waren zwar schwach, aber im Prinzip geachtet, was die hohe Wahlbeteiligung zeigte, und die Justiz stand im Prinzip außer Streit. Aber alle diese Institutionen verloren zuletzt aus unterschiedlichen Gründen an Vertrauen. Das war zum Teil Ergebnis einer bewussten Schwächung mancher Institutionen durch die sogenannte Neue Volkspartei, die selbst einen Wandel zu einer zentral geführten Truppe gemacht hatte und nun auch den Staat nach autoritären Prinzipien umbauen wollte. Dahinter stand keine durchdachte Ideologie, sondern vor allem ein sehr ausgeprägter Wille zur Macht, begleitet von der Angst, diese wieder zu verlieren.

Mächtige sind fast immer ängstliche Menschen, viele wurden im Lauf der Zeit paranoid, wie wir aus zahlreichen Biografien wissen, weil nach dem Verlust der Macht meistens nicht viel bleibt. Wer aber die Institutionen von Demokratie und Rechtsstaat schwächt, der riskiert bewusst das faire Zusammenleben im Land. Zum System Kurz gehörte eine aufdringliche Begleitmusik, bestehend aus vielen Heldenfotos und Erzählungen vom „neuen Stil" bis zu „Wir sind am besten durch die Krise gekommen", die auch dann noch mit viel Druck auf die Medien wiederholt wurden, als sie sich bereits als falsch herausgestellt hatten. Dazu kamen bewusst erzeugte Aufregungen, die der Ablenkung dienten, etwa die Abschiebung von geflüchteten Kindern, martialisch inszeniert mit viel Polizei und in den frühen Morgenstunden. Im Fall der damals 12-jährigen Tina, die mit Mutter und Schwester im Jänner 2021 nach Georgien abgeschoben worden war, war das rechtswidrig, wie der Verwaltungsgerichtshof im Juni 2022 feststellte. Tina durfte mit einem Schülervisum nach Österreich zurückkehren. Ebenso war die Indexierung der Familienbeihilfe, beschlossen unter Türkis-Blau, rechtswidrig, wie der Europäische Gerichtshof im Jänner 2022 feststellte. Das offizielle Ziel war, die Zahlungen an im Ausland lebende Kinder zu reduzieren, die wirkliche Absicht aber war es, durch ausländerfeindliche Parolen von mangelnden politischen Erfolgen abzulenken. Und so versuchte die ÖVP im Frühjahr 2022 wieder einmal, von der steigenden Inflation durch eine Debatte über das Staatsbürgerschaftsrecht abzulenken.

Auch der Ibiza-Untersuchungsausschuss des Parlaments trug zur Polarisierung bei, weil solche Ausschüsse eben politische Instrumente sind, was nicht nur die Opposition ausnützte, sondern auch die Grünen, während die ÖVP sich in der permanenten Verteidigung gegen die vier anderen Parteien nur durch Skandalisierung des Ausschusses zu helfen wusste. Zugunsten der ÖVP kann man hier einwenden, dass sie sich bald als einzige Angeklagte sah, weil die FPÖ in großer Distanz von ihrem früheren Parteichef Heinz-Christian Strache bei der Aufklärung mitmachte und die Grünen es sogar genossen, abseits der Koalitionsdisziplin die ÖVP wegen Türkis-Blau heftig zu attackieren. Also half sich die ÖVP mit eher hilflosen Angriffen. Die Bezeichnung „Unterstellungsausschuss" war nur einer von vielen Versuchen, diese Einrichtung des parlamentarischen Minderheitenrechts zu delegitimieren. Mit dieser Methode wollte die ÖVP die gesamte Politik in Verruf bringen, indem sie die eigenen Korruptionsfälle relativieren wollte. Das Adjektiv „staatstragend" hat sie längst aus ihrem Vokabular gestrichen.

Die drei Säulen, auf denen unsere Demokratie ruht, sind das Parlament als Gesetzgeber, die Verwaltung, die nur gemäß den Gesetzen agieren darf, und die Justiz, die unabhängig sein muss und davon lebt, dass ihr die Bevölkerung diese Unabhängigkeit auch glaubt. Alle drei Institutionen müssen nach dem Prinzip der Gewaltenteilung funktionieren. Genau dieses Prinzip war in Österreich ohnehin traditionell gefährdet, weil die beiden Großparteien bei allen Differenzen das Parlament oft nur zur Legitimierung von politischen Entscheidungen einsetzten, die anderswo gefallen waren. Das System Kurz attackierte diese Institutionen aber auf radikale Weise.

Der deutsche Soziologe Max Weber (1864–1920) schrieb: „Herrschaft ist im Alltag primär: Verwaltung". Bei der Exekutive ist also die Macht angesiedelt, die Kontrolle der Mächtigen durch das Parlament, durch die Justiz und auch durch die Medien ist dadurch noch wichtiger und ohnehin immer erst mit einer gewissen Zeitverzögerung möglich. In Österreich kommt noch dazu, dass die Bevölkerung im Sinne der Habsburger an das Gute in der Verwaltung glaubt, auch wenn darüber geraunzt wird.

Das System Kurz hat dafür gesorgt, dass das Vertrauen in die Verwaltung massiv gelitten hat. Ein Vorgang, der durch die Schmid-Chats bekannt wurde, hat viele Steuerzahler*innen wütend gemacht. Siegfried Wolf, ein Austro-Oligarch mit wirtschaftlichen Interessen in Russland, wandte sich vertrauensvoll an den höchsten Beamten im Finanzministerium. Während normale Bürger*innen ihre Steuerprobleme mit dem zuständigen Finanzamt abhandeln und dabei „karniefelt“ werden, wie der frühere Rechnungshofpräsident Franz Fiedler in einem Ö1-Interview anmerkte, konnte Wolf direkt mit Schmid über die Reduktion einer Steuernachzahlung verhandeln. In den Worten der WKStA: Es habe ab Februar 2016 eine „intensive externe Zusammenarbeit zwischen Kabinettebene des Finanzministeriums mit den Steuerberatern von Wolf gegeben“. Wolf musste statt der zunächst vorgeschriebenen elf Millionen nur sieben zahlen, eine Beamtin, die sich kooperativ zeigte, wurde anschließend befördert. Für Fiedler ist das ein „Sittenbild übelster Sorte, unabhängig, ob das strafrechtlich relevant war oder nicht.“ Er fühle sich bei diesen Vorgängen an die Endzeit des Römischen Reichs erinnert.

Sigi, wie er in den Chats mit Schmid heißt, war sehr am Aufstieg von Kurz interessiert: „Ich kämpfe auch für euch mit allen Mitteln“, schrieb er an Schmid im September 2016. Einen Monat zuvor hatte Wolf in seinem Schloss Reifnitz eine „Veranstaltung für Kurz“ organisiert. Kurz sammelte damals schon Spenden für den Tag der Übernahme der Partei und den geplanten Wahlkampf. Für eines müssen wir Schmid und Wolf dankbar sein: Sie haben uns mit dieser Episode klar gemacht, wie sich eine weitere Verbreitung des gelebten Oligarchentums auf unser Land ausgewirkt hätte. Sigi Wolf hat auch nach der

Annexion der Krim und Putins Überfall auf den ukrainischen Donbass bei einer Diskussion in Graz den russischen Präsidenten als „sehr, sehr, sehr korrekten Mann" bezeichnet, der „Leadership" habe, was er in der EU vermisse. Und weiter: „Da würd ich mir ein bissl mehr russische Demokratur wünschen." So viel zum Weltbild des Trägers des russischen „Ordens der Freundschaft", der in Kurz den idealen Führer – auch im Sinne seiner Interessen – sah.

Staat und Partei zum eigenen Vorteil vermischen, von oben autoritär organisiert, das stand schon am Beginn des Aufstiegs von Sebastian Kurz. Am 19. September 2017, rund vier Wochen vor der Nationalratswahl, veröffentlichte die Wochenzeitung *Falter* ein internes Papier einer kleinen Gruppe rund um Sebastian Kurz, ein Teil von ihnen Beamte oder Vertragsbedienstete der Republik Österreich, also vom Steuerzahler finanziert und dem Allgemeinwohl verpflichtet, in dem die Übernahme der ÖVP und dann des Staates im Detail geplant war: Es trug den Namen „Projekt Ballhausplatz". Dass dieses nicht echt sei, wurde, wie bereits beschrieben, nur kurz und vergeblich argumentiert. Schon hier ist unter anderem klar formuliert, wie die Institutionen des Staates geschwächt werden sollten. Das beginnt mit der Bedingung, dass künftig nur mehr Kurz „freie Hand" bei allen Personalbesetzungen haben dürfe. Die völlige Unabhängigkeit von Abgeordneten, das „freie Mandat" nach Artikel 56 Absatz 1 der Bundesverfassung war in Österreich traditionell stets eingeschränkt. Aber die Konzentration der Macht einer Partei in nur einer Hand bei klarer Leugnung der Verfassung, das war neu. Das galt auch für die Besetzung der Ministerien. Auch hier war bereits geplant, dass diese nicht selbstständig würden arbeiten können, wie es die Verfassung verlangt. Die

Personalauswahl wurde so getroffen, dass es Minister*innen zum Herzeigen geben sollte – und loyale Vertraute von Kurz, die die Ministerien de facto leiten würden. Auch dieses Vorhaben war gegen die Verfassung gerichtet, denn diese sieht vor, dass die Mitglieder der Bundesregierung für die Verwaltung des Bundes verantwortlich sind.

Österreich hat eine „elegante Verfassung", formulierte Bundespräsident Alexander Van der Bellen, als er das Land nach dem Auftauchen des Ibiza-Videos durch die erste von mehreren Regierungskrisen führen musste. Hans Kelsen hat die Bundesverfassung jedenfalls sehr vorausschauend und im Sinne des Föderalismus ausgewogen konstruiert. Der Bundesregierung sind darin sehr klare Rechte und Pflichten zugewiesen. Sie ist einerseits ein Kollegialorgan, Beschlüsse müssen einstimmig fallen. Der Bundeskanzler hat kein Weisungsrecht, jedes Mitglied der Bundesregierung ist für seine Entscheidungen verantwortlich, sie müssen und dürfen dabei von niemandem Weisungen entgegennehmen. Sie sind politisch und rechtlich verantwortlich, mit einer gewissen theoretischen Einschränkung: Der Nationalrat kann mit Mehrheit eine Ministeranklage wegen schuldiger Gesetzesverletzung beschließen, diese müsste der Verfassungsgerichtshof überprüfen. Das ist allerdings totes Recht, weil das einem Misstrauensantrag gleichkäme und die Regierung damit am Ende wäre. Deshalb hat der frühere Präsident des Verfassungsgerichtshofs, Gerhart Holzinger, die Ministeranklage als Minderheitenrecht vorgeschlagen. Das wäre nur eine notwendige Maßnahme von vielen, um die Rechte des Parlaments zu stärken.

Das Amt eines Generalsekretärs, also eine Art stellvertretenden Ministers, ist in der Verfassung nicht vorgesehen, und dass der Bundeskanzler über Vertraute in dieser Funktion Minister*innen und Ministerien leitet, erst recht nicht. Genau das wurde aber zunächst ein Stück Realverfassung, ab 2018 bekamen sie durch eine Gesetzesänderung sogar ein Weisungsrecht. Mit dieser neuen Funktion, die es vorher nur ausnahmsweise gab, hat die Truppe rund um Kurz die Minister*innen an der kurzen Leine gehalten und letztlich die Verfassung ausgehebelt. Das Kanzleramt steuerte über diese Generalsekretäre die Politik, aber auch die Verwaltung zentral. Wie brutal das ablief, können wir in den Chats von Thomas Schmid nachlesen, der schon bei Finanzminister Schelling Generalsekretär wurde und, obwohl weisungsgebundener Beamter, sich wie der Chef des Hauses und auch des Ministers benahm. Dabei half ihm, dass er gleichzeitig Kabinettschef war und dadurch alle Termine des Ministers bestimmte. Schmid im April 2016 an Gernot Blümel, der damals als Wiener ÖVP-Chef keine Funktion im Bund hatte: „Ich habe Sebastians Budget um 35 Prozent erhöht." Nicht der Bundesminister, schon gar nicht das für das Budget zuständige Parlament, sondern ein Beamter hat also das Budget bestimmt, und Schmid wörtlich weiter: „Mitterlehner wird flippen. Kurz kann jetzt Geld scheissen". Wofür das gut sein sollte? Vizekanzler Mitterlehner spielt zu diesem Zeitpunkt für die Kurz-Truppe, die bereits in mehreren Ministerien in Schlüsselstellen saß, keine Rolle mehr, obwohl er noch ein Jahr lang Parteiobmann sein würde. Schmid zu Außenminister Kurz: „Du hast eine BUDGET-Steigerung um 30 Prozent! Das haben wir nur für dich gemacht. 160 Millionen mehr! Und wird voll aufschlagen. Du schuldest mir was :-))) LG t." Dass Schmid seinen eigenen Chef, den laut Verfassung verantwortlichen Finanzminister Hartwig Löger, nicht ernst nahm, geht aus mehreren

Chats hervor: „Man kann ihn ja nicht allein lassen ohne Kontrolle. Sonst glaubt er, er kann Sachen selbst entscheiden." Als Schmid dann Chef der staatlichen Beteiligungsholding wurde, war klar, dass Löger nicht entscheiden dürfe, wer ihm als Kabinettschef nachfolgen solle: „HBM (Herr Bundesminister) darf sich nur nicht selbst jemanden aussuchen", schrieb Schmids Mitarbeiterin an ihn. Dieser antwortete: „Ich weiß. Das wäre schrecklich." Seine Mitarbeiterin wiederum: „Dann ist diese Türe zu!" Schmid: „Horror".

Der Rechnungshof hat im März 2021 die Einrichtung der Generalsekretäre klar kritisiert. Für diese neuen Funktionen wurde weder eine Aufgaben- noch eine Zieldefinition festgelegt, kritisiert der Rechnungshof. Dazu kommt, dass es durch diese neuen Stellen zu keinen Einsparungen in den ohnehin schon aufgeblähten Kabinetten der Ministerien gekommen ist. „Das widerspricht einer sparsamen Verwaltung", schreibt der Rechnungshof, der auch beziffert, wie viel Geld die Regierung Kurz-Strache für sich im Zeitraum Dezember 2017 bis Mai 2019 ausgegeben hat: 50,64 Millionen Euro. „Sparen im System" hieß es gleichzeitig.

Die riesigen Kabinette der Minister*innen, die der Rechnungshof anspricht, tragen auch zur Schwächung der Verwaltung bei gleichzeitiger Parteipolitisierung bei. In diesen Kabinetten arbeiten überwiegend loyale Parteigänger, deren Ausbildung sehr unterschiedlich sein kann. In den Anfangszeiten der Zweiten Republik vertrauten die Mitglieder der Bundesregierung auf die Beamten, die dem Staat Treue schwören. Bundeskanzler Josef Klaus (1964–1970) berief erstmals junge begabte Absolventen der Universitäten als Berater in sein Kabinett. Einige davon, wie Alois Mock oder Leo Wallner, machten später Karriere in Politik und Wirtschaft. Bei Bruno Kreisky wurden die Kabinette größer, auch hier oft ein bewährter Karrierepool, aber es gab pro Ministerium lange nur eine Person in der Pressestelle, wo heute eine enorme Anzahl in der Größe einer Zeitungsredaktion sitzt. Das System Kurz war auch hier innovativ, natürlich ausschließlich im eigenen Interesse. Einerseits durch eine extreme Ausweitung dieser Kabinette, die den Minister*innen zuarbeiten sollten. Und andererseits, indem die Arbeit in den Ministerien gestört wurde, weil immer mehr Kabinettsmitarbeiter auch Leitungsfunktionen in den Ministerien bekamen, einerseits zur Kontrolle, andererseits aber auch zur Absicherung, sollte die Tätigkeit im Kabinett zu Ende gehen. Die politische Leitung und die fachliche Expertise wurden dadurch zunehmend vermischt, Beamte mit Fachkenntnissen an den Rand gedrängt. Georg Renner hat das in der Kleinen Zeitung so zusammengefasst: „Etlichen Quereinsteigern wurden praktisch fertige Personalstäbe vorgesetzt – zumindest was die Schlüsselpositionen Kabinettschef, Pressesprecher und Generalsekretäre angeht. Ihr Effekt: Ihre Loyalität gilt nicht mehr unmittelbar dem Minister, dem sie zugeordnet sind, sondern dem türkisen System, indem sie eben dem Kanzler direkt über Wirkung, Fehler und ‚Aufräumarbeiten' in ihrem Ressort berichten." Bleibt die Frage, warum sich das Menschen, die in ihrem Beruf durchaus erfolgreich waren, gefallen ließen. Wobei nicht alle wissen konnten, wie über sie geredet wurde. So empfahl Schmid für den ÖBAG-Aufsichtsrat, den er sich als künftiger Vorstand aussuchen wollte, Kanzler Kurz die Bankerin Susanne Höllinger im Chat: „Compliant, Finanzexpertin, steuerbar …" Steuerbar zu sein, das war die liebste Eigenschaft dieses Systems, wenn nicht sogar die Voraussetzung.

Als Sebastian Kurz im Juni 2020 bei seiner Vernehmung im Ibiza-Ausschuss darauf angesprochen wurde, dass Postenbesetzungen in Österreich immer parteipolitisch bestimmt sind, antwortete der Mann, der einen „neuen Stil" versprochen hatte: „Das System hat sicher seine Schwächen, aber wir kennen kein besseres."

Wie geschmiert das System unter Türkis-Blau lief, erlebten wir im Ibiza-Ausschuss mit Arnold Schiefer, der ab dem Jahr 2015 Chef der Heta Asset Resolution, der Abbaugesellschaft der Hypo Alpe Adria, war. Im April 2019 wechselte der FPÖ-nahe Manager in den Vorstand der ÖBB-Holding. Aus den Schmid-Chats ergab sich, dass Schmid und Schiefer bei den Regierungsverhandlungen im Herbst 2017 für ÖVP und FPÖ Personalentscheidungen trafen. Frage an Schiefer: „Ein FPÖ-naher Manager und ein politischer Beamter machen etwas für ihre Parteien aus. Das ist die Realität in Österreich?" Schiefer: „Ich glaube, dass es nicht um das Ausmachen geht, ich sage es noch einmal, sondern um einen Problemaufriss. Die Politik hat oft sehr wenig Zeit ..." Alles klar.

Für den Heilungsprozess in Österreich werden wir vieles verändern müssen. Es geht um die Trennung von Staat und Parteien, und gerade bei der Personalauswahl gibt es natürlich ein besseres System. Da reicht es nicht, wenn im Regierungsprogramm von Türkis-Grün objektive Verfahren versprochen werden – und gleichzeitig Sideletter unterschrieben werden, die das Gegenteil vorsehen. Aber zunächst muss die Glaubwürdigkeit in die Institutionen wiederhergestellt werden.

Um Parlament und Justiz soll es in den beiden folgenden Kapiteln gehen, aber hier zunächst einmal Ideen zur Verbesserung der Verwaltung: Die Pandemie hat sehr schmerzhaft aufgezeigt, dass die Managementfähigkeiten in den Ministerien beschränkt sind oder politisch torpediert werden. Das liegt zunächst an der angesprochenen Parteipolitisierung, die durch die riesigen Kabinette noch viel schlimmer wurde, als das in Österreich traditionell der Fall war, noch dazu, wo als Qualifikation oft die Mitgliedschaft in der Jungen ÖVP reicht. Die politischen Kabinette müssen drastisch verkleinert, die Posten der Generalsekretär*innen abgeschafft werden und Mitglieder der Bundesregierung sollten vor ihrer Angelobung beweisen, dass sie alle Voraussetzungen für diese schwierigen Ämter in einer modernen Verwaltung mitbringen. Dazu muss es öffentliche Hearings geben, in denen sowohl die nötige Fachkenntnis, aber auch Fragen des Managements eine Rolle spielen.

Die Parteien bekommen enorm viel Geld, man hat aber nicht immer das Gefühl, dass dieses auch zur Ausbildung der Funktionär*innen verwendet wird. Wesentlich ist die Transparenz der Verwaltung. Auch hier haben wir durch die Schmid-Chats gelernt. Die Art und Weise, wie der Kurz-Vertraute Sigi Wolf vom Finanzministerium hofiert wurde und offenbar auch eine Personalbesetzung in der Finanzverwaltung beeinflussen konnte, übersteigt alles, was wir in Österreich an Unterwerfung der Verwaltung durch Geld und außenstehende Macht erlebt haben. „Du bist eine Hure der Reichen“ hat Schmid an einen Kabinettsmitarbeiter geschrieben. Die Verwaltung als dienstbar und käuflich dargestellt, vom höchsten Beamten im Finanzministerium, das war bis dahin unvorstellbar. Wer hat es noch geschafft, mit Macht und Geld die Finanz zu beeinflussen? Außerdem haben wir gelernt, dass es viele öffentliche Aufträge gibt, die geheim bleiben, etwa für teure Studien, von denen die Steuerzahler*innen nie etwas erfahren. Wohl aus gutem Grund.

Ein Informationsfreiheitsgesetz haben schon mehrere Regierungen versprochen, aber wir haben es noch immer nicht. Dieses muss eine transparente Verwaltung vorsehen, wo die Daten der Bürger*innen geschützt werden, nicht die der Bürokratie. Ende Februar 2022 wurde ein Entwurf vorgelegt, der einen Paradigmenwechsel einleiten soll, wie es heißt, und zwar durch Beseitigung des Amtsgeheimnisses. Staatliche Transparenz soll zur Regel, Geheimhaltung die Ausnahme werden. Das Gesetz braucht im Nationalrat und im Bundesrat eine Zweidrittelmehrheit. Skepsis ist angebracht, dass die Verwaltung aller Einrichtungen des Staates transparent werden, weil schon die Gemeinden das nicht wirklich wollen. In der EU-Kommission hingegen muss jeder Besuch von Lobbyist*innen im Internet öffentlich gemacht werden.

Wir brauchen auch eine Veränderung der Erwartungshaltung, was die Tätigkeit von Minister*innen betrifft. Sie sollen in ihrer Arbeit wahrgenommen werden. Ob sie auch einen Hund haben oder lieber eine Katze, wo sie ihren Urlaub verbringen und wie sie es mit der Betreuung ihrer Kinder halten, ist Privatsache. Sie sind die obersten Manger*innen der Republik, ausschließlich danach sind sie zu beurteilen. Dafür brauchen sie eine Ausbildung und daran sollen sie gemessen werden. So viel Professionalität können wir von den obersten Organen verlangen. Und diese ewigen Shows sollten zu Ende gehen. Manche Mitglieder der Bundesregierung sind permanent von eigenen, also vom Steuerzahler finanzierten Fotografen und Kamerateams umgeben, die oft eine bessere Ausstattung haben als so mancher Fernsehsender. Das System der berühmt-berüchtigten Message Control bedeutete, dass die Regierung ständig bestimmen wollte, was über sie berichtet wird. Und die

Mitglieder der Bundesregierung als Models eingesetzt werden. Mit hohem Peinlichkeitsfaktor, wie die türkisen Kerzen auf dem Adventkranz bewiesen. Diese wurden recht schnell gegen hellbraune ausgetauscht, als Sebastian Kurz am 2. Dezember 2021 zurücktrat. Ebenfalls nicht mehr zu sehen: die türkisen Sakkos der Minister*innen bei Instagram-Auftritten, auch hier wurde plötzlich ein helles Braun bevorzugt. Wer soll das Spitzenpersonal der Republik ernst nehmen, wenn es sich als Fanboys oder -girls missbrauchen lässt?

Und weil diesem System jede Ernsthaftigkeit fehlte, hat es sich auch nicht um einen Bereich gekümmert, der den politischen Expert*innen seit Jahrzehnten am Herzen liegt – eine echte Bundesstaatsreform. Kurz versprach „Sparen im System“ und gab mehr für die Verwaltung und seine persönliche Selbstdarstellung aus als jede Regierung davor. An Reformen dachte er nicht, da waren wir schon einmal weiter. Theoretisch zumindest. Der steirische ÖVP-Politiker Herwig Hösele hat bereits im Jänner 2001 „Überlegungen zur Bundesrats- und Bundesstaatsreform mit Operationskalender“ angestellt, im Jahr 2002 sprach sich dann der damalige Rechnungshofpräsident Franz Fiedler für einen Österreich-Konvent aus, und im ersten Halbjahr 2003 beriefen Hösele als Bundesratspräsident und Andreas Khol als Nationalratsprädident diesen Österreich-Konvent ein, der sich ein ehrgeiziges Programm gab: eine umfassende Verfassungsreform mit Neuordnung der Kompetenzen zwischen Bund und Ländern zur Abschaffung der Doppelgleisigkeiten und Stärkung des Bundesrats als Länderkammer. Unter dem Vorsitz von Franz Fiedler tagte der Österreich-Konvent bis 2005 und brachte viele Vorschläge. Um es kurz zu machen: Kaum etwas wurde umgesetzt, die Doppelgleisigkeiten haben uns seither viele, viele Milliarden gekostet. Der Föderalismus kann sehr sinnvoll sein, aber die Kompetenzen müssen endlich geklärt und so geordnet werden, dass die Verwaltung einfacher und Steuergeld gespart wird.

Auch hier hat die Covid-Pandemie schonungslos alle Schwächen aufgezeigt, wie der Bericht des Rechnungshofs aus dem Juni 2022 zeigt. Da heißt es: „Der Gesundheitsminister ist als oberstes Organ für das Pandemiemanagement zuständig. Zwischen Bund und Ländern blieb oftmals unklar, wer welche Verantwortung zu tragen hat. Zu unkoordiniertem Handeln kam es zudem auch auf Bundesebene." Fast noch schlimmer ist die Feststellung des Rechnungshofs, dass unsere Verwaltung nicht lernfähig ist: „Die seit Ausbruch der Pandemie gemachten Erfahrungen wurden zu wenig genutzt, um das Krisenmanagement im Sinne von Lessons Learned weiterzuentwickeln."

Der Föderalismus kann eine Stärke sein, muss aber neu definiert werden. Die sogenannte Landeshauptleutekonferenz ist Teil der „Realverfassung", wie es so täuschend heißt. Es gibt aber nur eine geschriebene Verfassung und ihre Einhaltung oder Nicht-Einhaltung. Wenn Mitglieder der Bundesregierung durch ganz Österreich hetzen, um rechtzeitig von den Landeshauptleuten über künftige Schritte der Pandemiebekämpfung informiert zu werden, dann ist etwas faul im Staate. Die Bundesländer und ihre Landesregierungen üben einen wichtigen Teil der Verwaltung aus, dort, wo sie unmittelbar zuständig sind, und dort, wo sie durch die mittelbare Bundesverwaltung Gesetze des Bundes zu vollziehen haben.

Das deutsche System ist da ehrlicher. Die Ministerpräsident*innen reden nach dem Grundgesetz im Bundesrat, der zweiten Kammer des Parlaments, mit, und sind eben auch in aller Öffentlichkeit für ihre Entscheidungen verantwortlich. Bei uns steuern sie Entscheidungen des Bundes informell, oft über Parteigremien. Ein Bundesrat mit Landeshauptleuten wäre ein möglicher besserer Weg. Im Rahmen einer Debatte über eine Staatsreform wird es sicher auch andere Ideen geben.

Der frühere ÖVP-Spitzenpolitiker und Verfassungsrechtler Heinrich Neisser beschäftigt sich in einem 2021 erschienen Buch „101 Jahre Bundesverfassung" unter anderem mit der Dominanz der Parteien. „Die verfassungsrechtliche Verankerung der politischen Parteien erfolgte in der österreichischen Bundesverfassung erstmals im Jahr 1975 im Zusammenhang mit einem Parteiengesetz über die finanzielle Förderung politischer Parteien. Bis zu diesem Zeitpunkt gab es in der österreichischen Verfassung keine Aussage über die Aufgabe und den Rechtsstatus politischer Parteien", schreibt Neisser und regt an, dass es in der Verfassung rechtliche Schranken geben müsse, wie sich Bürger*innen gegen die Willkür der Parteien helfen können. Dazu noch ein kleiner Hinweis: Die Regelung der Finanzierung der Parteien sollte künftige Skandale verhindern, wie es sie seit Beginn der Zweiten Republik gegeben hatte. Das ist bisher nicht gelungen. Aber die Steuermittel für die Parteien aus verschiedenen Töpfen sind seither massiv gestiegen. Gleichzeitig wurde damals die Presseförderung in der gleichen Höhe eingeführt. Diese ist auf dem Niveau von 1975, ungefähr 9 Millionen, geblieben, während die Parteienförderung in Bund und Ländern vervielfacht wurde. Dafür hat sich die Inseratenkorruption etabliert, zum Nachteil anständiger Medien und unanständiger Parteien.

Anfang Juli hat der Nationalrat ein neues Parteiengesetz beschlossen, das die Finanzierung deutlich transparenter machen soll. Eine Schwachstelle gibt es aber in dem Gesetz: Organisationen, die laut ihrem Statut zwar nicht einer Partei verbunden sind, aber für diese aktiv werden, können weiter Spenden bekommen. Das kann und wird zu Umgehungen führen. Der oberösterreichische Seniorenbund verweist auf seiner Website sogar darauf, dass er einerseits Teilorganisation der ÖVP, andererseits aber ein gemeinnütziger Verein ist. Als solcher hat er rund zwei Millionen Euro Covid-Hilfe bekommen. Die Partei hat da sicher nicht profitiert, oder doch? An den hohen Zuflüssen von Steuergeld an die Parteien ändert das Gesetz auch nichts. Rund 250 Millionen bekommen die Parteien pro Jahr, dazu kommen Zahlungen an Parlamentsklubs, Abgaben der Abgeordneten und vieles mehr. Die *Salzburger Nachrichten* rechnen insgesamt mit rund 500 Millionen jährlich für die Parteien.

Doch damit sind wir schon beim Parlamentarismus. Der braucht Parteien, aber nicht solche überfinanzierten Machtzentralen wie in Österreich, verbunden mit mangelndem Respekt. Bundeskanzler Nehammer schickte Anfang Juni 2022 seine junge Staatssekretärin Claudia Plakolm ins Parlament, um Fragen über den Wahlkampf 2019 beantworten zu lassen, den er als Generalsekretär verantwortet hatte. Sie überspielte ihre Unsicherheit mit Präpotenz. Wir brauchen in Österreich dringend ein stärkeres Persönlichkeitswahlrecht und eine Stärkung des Parlaments. Denn bei uns sieht die Gewaltenteilung so aus, dass die Verwaltung über unendliche Mittel verfügt, um das Parlament zu beherrschen, dieses aber so ausgehungert ist, dass es die Verwaltung nicht kontrollieren kann.

EIN PARLAMENTARISMUS, DEN ALLE ERNST NEHMEN

Seit den letzten Monaten der Regierung Klaus im Winter 1969/1970 und der Bildung der Regierung Kreisky I im April 1970 verfolge ich Debatten im Österreichischen Nationalrat, zunächst noch als Schüler von der Zuschauertribüne aus, später als Student und Journalist. Als Korrespondent in Bonn ab 1984 habe ich dann Debatten im Deutschen Bundestag mit Interesse beobachtet. Schon früh habe ich versucht, die Grundsätze eines lebendigen Parlamentarismus mit der österreichischen Praxis in Einklang zu bringen. Schwierig. Auf eine große Tradition kann unser Land leider nicht verweisen. Und das Erleben der Praxis als Parlamentarier hat mir die letzten Illusionen geraubt, den Optimismus allerdings nicht. Wir können unseren Parlamentarismus verbessern und wir müssen es sogar, wenn wir politische Verirrungen wie die der letzten Jahre künftig verhindern wollen. Dazu gehört ein völlig anderes Selbstbewusstsein der Abgeordneten zum Nationalrat und der Mitglieder des Bundesrats gegenüber der Bundesregierung. Das gilt vor allem für die Regierungsparteien, wo es sich eingebürgert hat, dass sich viele nur als Beschützer der Minister*innen fühlen und sich daher oft in geradezu peinlicher Weise für deren angeblich segensreiches Wirken bedanken, anstatt sie zu kontrollieren.

Ein Rückblick in die Geschichte: Die Frankfurter Nationalversammlung konstituierte sich im Mai 1848 im Anschluss an die bürgerliche Revolution und wurde in der Paulskirche abgehalten. Die österreichischen Abgeordneten mussten dieses verfassungsgebende Gremium schnell wieder verlassen. In Österreich erließ der 18-jährige Kaiser Franz Josef am 4. März 1849 seine oktroyierte Verfassung und blieb der entscheidende Gesetzgeber, auch nach Einrichtung des Reichsrats im Jahr 1861. Nach dem Ausgleich mit Ungarn vom 21. Dezember 1867 verabschiedete der Reichstag sechs Verfassungsgesetze, die aber erst durch die Sanktion, also die Genehmigung des Kaisers, in Kraft traten, darunter auch das Staatsgrundgesetz über die allgemeinen Rechte der Staatsbürger, das noch immer gültig ist und im Verfassungsrang steht. Nach dem Ersten Weltkrieg – „L'Autriche, cest ce qui reste", wie Ministerpräsident Georges Clemenceau sagte – bildeten die 208 Abgeordneten der verbliebenen deutschsprachigen Wahlbezirke die „Provisorische Nationalversammlung für das kleine Deutschösterreich". Am 11. November 1918 gab Kaiser Karl I. seine Verzichtserklärung ab, am nächsten Tag riefen zwei der drei Präsidenten der Nationalversammlung, Karl Seitz und Franz Dinghofer, vor dem Parlamentsgebäude die Republik aus. Es folgte ein Wahlgesetz, bei dem erstmals Frauen das aktive und passive Wahlrecht bekamen, 80 Jahre nach den Pitcairninseln, wo die Nachfahren der Meuterer der Bounty dieses für ihre Gesetzgebung einführten. Schon am 4. März 1933 war es in Österreich mit dem Parlamentarismus wieder zu Ende. Nach einer außerordentlichen Sitzung des Nationalrats und dem Rücktritt der drei Präsidenten erklärte Bundeskanzler Engelbert Dollfuß, das Parlament habe sich selbst ausgeschaltet, was gar nicht stimmte, er löste das Parlament auf, verbot den Abgeordneten den Zutritt und regierte ab dann als Diktator.

Am 19. Dezember 1945 trat der erste frei gewählte Nationalrat der Zweiten Republik zusammen. Der Parlamentarismus stand aber sogleich „im Schatten der Großen Koalition", wie es etwas beschönigend auf der offiziellen Website des Parlaments heißt. ÖVP und SPÖ regierten gemeinsam bis 1966, aber die geringe Bedeutung der Abgeordneten lag nicht nur an der erdrückenden Mehrheit der damaligen Großparteien – gerade diese Mehrheit hätte ja selbstständig agierende Abgeordnete hervorbringen können. Von Anfang an funktionierte die Zusammenarbeit der vier Sozialpartner – Bundeswirtschaftskammer, Landwirtschaftskammer (ÖVP) sowie Arbeiterkammer und Gewerkschaftsbund (SPÖ) – bei allen Konflikten hervorragend, was in den Mängeljahren nach dem Zweiten Weltkrieg auch praktische Gründe hatte. 1957 wurde die „Paritätische Kommission für Preis- und Lohnfragen" gegründet, wo die vier Sozialpartner nicht nur Preise und Löhne festlegten, sondern auch alle wesentlichen Fragen der Wirtschaftspolitik entschieden. Die Sozialpartner arbeiteten komplette Gesetze gemeinsam aus, die dann dem Parlament zur Zustimmung übermittelt wurden. Die Bezeichnung „Nebenregierung" war eher untertrieben. In einem aufschlussreichen Zeitdokument erzählt der damalige Präsident des österreichischen Gewerkschaftsbundes, Franz Olah, wie er in den Weihnachtsfeiertagen 1961 mit Julius Raab, damals Präsident der Bundeswirtschaftskammer, das „Raab-Olah"-Abkommen über die gezielte Anwerbung von Gastarbeitern beschloss. Die Regierung habe nach den Feiertagen die Einigung der beiden Sozialpartner zur Kenntnis nehmen und umsetzen müssen, erzählte Olah später genüsslich. Vom Parlament ist gar nicht die Rede. Dass der Nationalrat das Gesetz beschließen musste, war ihm nicht einmal einen Gedanken wert.

Traditionell haben auch später, in der Zeit von Alleinregierungen, die Sozialpartner nicht nur viele Gesetze vereinbart, sondern auch einen guten Teil der Abgeordneten schon vor den Wahlen bestimmt. Und als Journalist habe ich einmal beobachtet, wie ein Landeshauptmann mit einem Parlamentarier gesprochen hat. Freundlich ausgedrückt: Der Chef hat dem – laut Verfassung – frei gewählten Abgeordneten laut und verständlich erklärt, wie seine künftigen Berufsaussichten bei weiterem Widerspruch aussehen würden, nämlich schlecht. Das einseitige Abhängigkeitsverhältnis war offensichtlich beiden klar.

Gerade in der ÖVP fühlten und fühlen sich die Landesfürsten als Bundesgesetzgeber. Dazu trägt das Wahlrecht bei, denn viele Abgeordnete zum Nationalrat, der ja die erste Kammer des Bundesparlaments ist, kommen von Landeslisten, werden also von den Ländern bestimmt. Dabei gibt es ja den Bundesrat als Länderkammer, der nur ein Schattendasein führt, weil die Länder ihre Macht über den Nationalrat und zusätzlich über die Landeshauptleutekonferenz ausüben, die in der Verfassung gar nicht vorgesehen ist. Die Mitglieder des Bundesrats werden von den Landtagen entsandt, eine direkte Wahl wie in anderen Ländern wäre sinnvoller. Wie z.B. in der Schweiz könnte man pro Bundesland die gleiche Anzahl an Mandataren festlegen. Dazu kam und kommt, dass die Bünde großen Einfluss haben, traditionell der Bauernbund weit mehr, als die Zahl der in der Landwirtschaft Beschäftigten vermuten ließ. Sebastian

Kurz wollte alles anders machen, ein starker Parlamentarismus jedoch passte nicht zu seinem System der „Jünger" und der „steuerbaren" Personen. Dabei ging es nicht nur um seine unumschränkte Personalhoheit. Auch hier war der Ibiza-Untersuchungsausschuss ein idealer Beobachtungsraum für die mangelnde Wertschätzung des Parlaments durch seine Truppe.

Während Sebastian Kurz bei seiner Befragung am 24. Juni 2020 den Ausschuss dominieren wollte, mal attackierte, dann wieder langatmig antwortete, haben Gernot Blümel und ÖVP-Kabinettsmitarbeiter versucht, dieses Kontrollgremium des Nationalrats lächerlich zu machen. Bei seiner ersten Befragung am 25. Juni 2020 erklärte der damals 38-jährige Finanzminister genau 86-mal, dass er sich nicht erinnern könne, obwohl es um Ereignisse ging, die höchstens zwei oder drei Jahre zurücklagen. Beliebt waren dabei auch Formulierungen wie „Das weiß ich nicht mehr" oder „Das kann ich Ihnen leider nicht beantworten". Dabei ging es um konkrete Fragen zu Blümels Tätigkeit als Kanzleramtsminister. Er überraschte auch mit der Aussage, keinen Laptop zu besitzen, obwohl er sich in den sozialen Medien gerne bei der Arbeit mit solchen digitalen Geräten zeigte. Später drückte er seine Verachtung des Parlaments auch noch mit einer viel schlimmeren Aktion aus, die eindeutig gegen die Verfassung verstieß. Er weigerte sich, Akten aus dem Finanzministerium an den Ausschuss zu liefern, auch nach einer entsprechenden Entscheidung des Verfassungsgerichtshofs. Erst als Bundespräsident Alexander Van der Bellen mit der Exekution durch das Strafgericht drohte, gab Blümel klein bei. Da half es ihm auch nichts, dass er knapp 180.000 Euro für Rechtsgutachten ausgab, die seinen Standpunkt untermauern sollten. So hat Blümel auch Steuergeld zur Torpedierung des Parlamentarismus ausgegeben.

Nicht nur der Politiker Blümel, auch Beamte wie der Kabinettschef von Sebastian Kurz, Bernhard Bonelli, zeigten ganz offen ihre Verachtung für das Parlament. Er ließ sich im großen Dienstwagen vom Kanzleramt zum nur wenige hundert Meter entfernten Camineum, dem Tagungsort des Ausschusses in der Nationalbibliothek, chauffieren. Bei der Frage, ob er als Kabinettschef beobachtet habe, dass Kanzleramtsminister Blümel mit einem Laptop gearbeitet hat, musste er sich lange mit seinem Rechtsbeistand beraten. Und auch dieser junge Mann hatte bei vielen einfachen Dingen „keine Erinnerung". Aber er war sich ganz sicher, dass Kurz nicht intensiv eingebunden war. Er hatte wohl die Schmid-Chats nicht gekannt, die genau das nachweisen. Gegen Bonelli ermittelte dann die Wirtschafts- und Korruptionsstaatsanwaltschaft wegen des Verdachts der falschen Aussage. Elisabeth Köstinger wiederum bezeichnete den Untersuchungsausschuss als „Löwinger Bühne", ein Zusammenhang, den niemand verstehen konnte. Die Löwinger Bühne war ein populäres Bauerntheater, das einfache Unterhaltung bot. Der sonderbare Vergleich sollte dazu dienen, die Wahrheitspflicht im Untersuchungsausschuss zu hinterfragen, war aber in Wirklichkeit nur eine weitere Herabwürdigung des Parlaments.

Generell wirkte sich der Zugang von Sebastian Kurz zur Politik nachteilig auf das Parlament aus. Denn auch dort musste das Freund-Feind-Verhältnis durchgehalten werden, was man selbst in den Fachausschüssen des Nationalrats spürte. Anträge der Opposition werden abgelehnt oder „vertagt". Eine Vertagung ist nichts anderes als eine perfide Form der Ablehnung, weil dann darüber im Plenum nicht gesprochen werden kann. Dabei sind die Regierungsparteien ÖVP und Grüne, letztere wohl auf Druck der ÖVP, so konsequent, dass im EU-Hauptausschuss bereits zweimal sogar ein Antrag abgelehnt wurde, dessen Formulierung genau so im Regierungsprogramm steht. Es ging darum, sich für Mehrheitsentscheidungen in der EU bei außenpolitischen Fragen auszusprechen, eine ganz wesentliche Reform der EU, wenn sie außenpolitisch handlungsfähig sein will. Aber die Opposition darf nicht recht haben. Das war auch so, als der NEOS-Abgeordnete Gerald Loacker im Dezember 2021 im Wirtschaftsausschuss einen Entschließungsantrag einbrachte, der eine umfassende Reform der Rot-Weiß-Rot-Karte verlangte. Diese wurde im Regierungsprogramm versprochen und Abgeordnete der ÖVP argumentierten, wie wichtig dieses Vorhaben sei. Aber wenn der Antrag von der Opposition kommt, wird nicht einmal ernsthaft darüber diskutiert. Das galt unter Türkis-Grün für viele Anträge, bei denen die Grünen inhaltliche Übereinstimmung erklärten, aber nicht zustimmen durften, wie etwa beim Rechtsanspruch auf Kinderbetreuung oder der Forderung nach Beendigung der Inseratenkorruption. Um aber auch etwas Positives zu sagen: Bundeskanzler Nehammer bemüht sich im EU-Hauptausschuss, der vor jedem Europäischen Rat angesetzt wird, mit den Abgeordneten über die wichtigsten Tagesordnungspunkte zu diskutieren. Er hört zu. Das waren wir Abgeordnete vorher nicht gewohnt, Kurz befasste sich lieber mit seinem Handy als mit den Themen der Sitzung oder gar mit den Redebeiträgen der Volksvertreter.

In Deutschland muss der Bundeskanzler vor den Sitzungen des Rats, wo sich die Staats- und Regierungschefs treffen, im Plenum des Bundestags berichten. Das sollte auch bei uns so sein. Aber ein echter Diskurs kommt im Plenum viel zu selten zustande. Manche Abgeordnete lesen Reden vor, selten geht jemand auf das Argument anderer ein. Aber immerhin kann die interessierte Bevölkerung diesen Debatten folgen, während die Ausschüsse nicht übertragen werden und nur zum Teil öffentlich sind.

In Österreich wird oft nicht einmal die Notwendigkeit einer Opposition akzeptiert. Ein Blick nach Großbritannien lohnt sich hier: Im Vereinigten Königreich gilt noch immer die Idee von „Her Majesty's Most Loyal Opposition". Die Opposition gehört zum Staatsgefüge, sie hat nicht nur eigene Rechte, die zur Kontrolle der Regierung beitragen sollen, sie bereitet sich auch für eine spätere Übernahme der Regierung vor. Opposition ist in dieser deutlich älteren Demokratie ein logischer, geradezu notwendiger Bestandteil.

Bei uns jedoch wird die Opposition historisch eher mit Störefrieden oder gar Aufständischen identifiziert, die die hart arbeitenden Minister*innen nicht allzu sehr bei ihrer Tätigkeit beeinträchtigen sollen. Und das, obwohl riesige Skandale rund um veruntreutes Geld, illegale Aufträge und geschobene Posten seit den 1950er-Jahren so gut wie jede Regierung begleiten *und* die Opposition, neben Justiz und Medien, dafür zuständig ist, Missstände aufzudecken. Dennoch war es ein harter Weg, bis der Minderheit im Parlament mehr und mehr Rechte zugestanden wurden. Die jeweilige Mehrheit tat das wohl, weil auch die ehemaligen Großparteien die Erfahrung gemacht hatten, dass sie selbst nach Zeiten absoluter Mehrheit sich plötzlich in der Opposition befinden können.

Der Ibiza-Ausschuss hat gezeigt, dass Untersuchungsausschüsse öffentlich sein müssen. Das Filibustering der ÖVP-Abgeordneten, also Zeitschinden, um die eigenen Auskunftspersonen zu beschützen und andere Fraktionen in deren Fragerecht einzuschränken, war gerade bei der zweiten Vernehmung von Kurz so offensichtlich, dass sich alle Fraktionen derartige Peinlichkeiten genau überlegen würden, wenn diese im Fernsehen zu sehen wären. Es müssten alle Ausschüsse öffentlich sein, weil die mögliche Beobachtung durch die Öffentlichkeit doch mehr Disziplin und vielleicht auch Sacharbeit bringen würde. Eine Ausnahme soll es nur bei Fragen der nationalen Sicherheit geben.

Zwar sind auch die Debatten im Plenum nicht immer nur konstruktiv. Aber sie zeigen etwas über den politischen Diskurs und die Stimmung unter den Parteien, können also etwas zur Willensbildung der Bevölkerung beitragen. In Deutschland hat Rita Süssmuth (CDU), als sie 1988 das Amt der Bundestagspräsidentin übernahm, eine Reform des Parlaments angestoßen. Spätestens nach der nächsten Wahl brauchen wir das auch, denn zu reformieren gibt es viel.

Das beginnt schon bei der Fragestunde der Abgeordneten an die Mitglieder der Bundesregierung. Jede Diskussion bei einer Talkshow ist spannender. Die Fragestunde ist formalisiert, die Minister*innen kennen die Fragen, es ist schwierig, bei ausweichenden Antworten nachzuhaken und Fragen der Regierungsparteien sind oft peinlich, weil sie den Minister*innen nur eine Chance zur Selbstdarstellung geben. Aber es gibt eben Abgeordnete der Regierungsparteien, die ihre Aufgabe darin sehen, die jeweiligen Minister*innen zu unterstützen, obwohl sie diese eigentlich kontrollieren sollten. Abgeordnete der Grünen haben immerhin durchgesetzt, dass sie alle Entscheidungen zur informellen Zustimmung bekommen, bevor der Ministerrat damit beschäftigt wird. Aber von Kolleg*innen der Regierungsparteien höre ich auch, dass sie ihre Anträge im Nationalrat vorher mit den jeweiligen Ministerien absprechen müssen. Das muss man sich einmal vorstellen: Die Kabinette der Minister*innen entscheiden darüber, was frei gewählte Abgeordnete beschließen dürfen. Die Verfassung sieht das anders vor. Nicht nur sind die Abgeordneten frei gewählt, sondern das verstößt auch gegen die Gewaltenteilung.

Die Gesetzgebung findet im Parlament statt, aber nur theoretisch. Denn die Gesetzesvorlagen kommen entweder von der Regierung und werden kaum noch verändert, oder die Sozialpartner haben sich über die ihnen nahestehenden Parteien etwas gewünscht und Gesetze vorformuliert. Dort gibt es viele Jurist*innen, die es gewohnt sind, Gesetze zu schreiben. Die Klubs der Parteien hingegen sind personell zu schwach ausgestattet. Dafür wäre eine eigene Abteilung für Legistik nötig. Und es wäre nur logisch, dass der Verfassungsdienst mit seiner legistischen Abteilung vom Bundeskanzleramt ins Parlament übersiedelt. Alle Parteien, auch die der Opposition, können dann diese Expert*innen konsultieren. Die anwaltliche Vertretung des Bundeskanzleramts, für die der Verfassungsdienst auch zuständig ist, kann ja trotzdem im Kanzleramt verbleiben. Und weil die fachliche Expertise immer wichtiger wird, sollten gewisse Fachausschüsse des Parlaments eigene Think Tanks bekommen. Oft hat etwa der außenpolitische Ausschuss eine entsprechende Einrichtung zur Beratung, nicht nur in großen Ländern, auch im kleinen Finnland. Und noch eine Entwicklung haben wir im Zuge von Covid-Gesetzen entdeckt: Da wurden dem jeweiligen Gesundheitsminister viel zu viele Möglichkeiten gegeben, per Verordnung, also ohne Rücksicht auf den Gesetzgeber, zu regieren.

Zu viele Gesetze führen zu noch mehr Bürokratie. Also hat die EU-Kommission mehrere Anläufe genommen, um alte Bestimmungen auf ihre Sinnhaftigkeit zu untersuchen. Und im Vorjahr wurde beschlossen, künftig nach der „One in, One out"-Regel vorzugehen, also für jedes neue Gesetz ein altes zu streichen. Zum Abbau der Bürokratie würde im österreichischen Parlament ein ständiger Ausschuss zur Deregulierung helfen.

Noch ein Gedanke: Viele Gesetze zeigen erst nach mehreren Jahren ihre Auswirkung, wenn wir etwa an das Pensionssystem denken. Der Nationalrat sollte also verpflichtet sein, bei jedem Gesetz die Folgekosten des Gesetzes für die kommenden Jahre zu berechnen und öffentlich bekannt zu geben. Bei Regierungsvorlagen ist das bereits zwingend der Fall, aber das umfasst nicht die künftigen Kosten für den bürokratischen Aufwand der neuen Gesetze. Diese Zahlen müssten aktiv kommuniziert werden. Bei Initiativanträgen, also Anträgen von Parteien im Nationalrat, müsste es genaue Berechnungen für die Folgekosten geben. Der Nationalrat kann mit einer Mehrheit natürlich Gesetze beschließen, aber oft bezahlen erst die Bürger*innen der nächsten Generationen die Rechnung. Also ist gerade hier Transparenz gefordert.

Eine der wenigen Möglichkeiten der parlamentarischen Kontrolle bilden Anfragen, die Abgeordnete an die Mitglieder der Bundesregierung stellen können. Hier ist die Methode eingerissen, dass Anfragen immer erst zwei Monate nach Einbringen beantwortet werden, auch wenn sie vorher schon fertig sind. Und oft wird sehr allgemein geantwortet, sodass auch hier eine Verachtung des Parlaments mitschwingt. Generell gilt, dass sich die Anfragen auf die Vollziehung des Bundes beziehen müssen, also auch auf Aktivitäten, in die mehrere Ministerien involviert sind. Das aber lehnt die ÖVP ab. Hier sind klare Regeln und Konsequenzen nötig, wenn das Interpellationsrecht missachtet wird.

Vor allem brauchen wir ein echtes Persönlichkeitswahlrecht. Das „Projekt Ballhausplatz" zeigt uns, wie selbstherrlich die Kurz-Truppe über Menschen verfügte. Da sind Persönlichkeiten als künftige Abgeordnete oder Minister*innen genannt, die davon nichts wussten. Gleichzeitig wurden Namen von Parlamentariern in roter Farbe geschrieben, die als nicht mehr vertrauenswürdig galten. Die ersten sechs Personen, die 2019 auf der ÖVP-Bundesliste kandidiert haben, sind heute nicht mehr im Nationalrat. Auf Platz 7 stand Wolfgang Sobotka. Er zeigte im Ibiza-Ausschuss nicht immer die nötige Unabhängigkeit, die die Position des Nationalratspräsidenten verlangt. Wer dieses wichtige Amt bekleidet, sollte künftig alle Parteifunktionen zurücklegen.

Und noch etwas: Die Debatten im Plenum sollten so strukturiert sein, dass es zu Rede und Gegenrede kommen kann. Man könnte informell vereinbaren, dass alle Abgeordneten wenigstens einen Gedanken eines oder einer Vorredner*in aufnehmen müssen. Nach der nächsten Wahl brauchen wir dringend eine parlamentarische Arbeitsgruppe, die an Vorschlägen für einen echten Parlamentarismus arbeitet.

Die Wähler*innen sollen entscheiden, wer sie im Parlament vertritt, das würde auch die Unabhängigkeit der Gewählten gegenüber den Parteien erhöhen. Dann müssen sich Abgeordnete auch nicht von der Partei missbrauchen lassen, um Attacken auf die Justiz zu reiten, wie wir das in den letzten Jahren leider beobachten mussten.

DIE JUSTIZ DARF WIEDER IN RUHE ARBEITEN

Das könnte ein kurzes Kapitel sein. Aber so einfach können wir es uns leider nicht machen. Gerade in diesem Bereich sollte viel zerstört werden, und Teile der Justiz sind nach wie vor schwer verstört. Wenn eine bewährte Mitarbeiterin der Wirtschafts- und Korruptionsstaatsanwaltschaft (WKStA) diese verlässt, weil sie den „Druck von oben" nicht mehr aushält, wie sie formulierte, dann weiß man: Da ist vieles schief gelaufen, da gab es den Versuch, die unabhängige Justiz zu zerschlagen. Oder jedenfalls in ihrer Arbeit zu verunsichern und zu diskreditieren.

Attacken auf die Justiz sind nicht neu. Politiker*innen haben sich immer wieder beschwert, wenn ihnen ein Urteil nicht gepasst hat, Jörg Haider zum Beispiel hat es auch hier bewusst übertrieben. Im Jahr 2006 hat der Kärntner Landeshauptmann wilde Beschuldigungen gegen den Verfassungsgerichtshof und dessen weithin geachteten Präsidenten Ludwig Adamovich ausgestoßen, weil dieser im Streit um zweisprachige Ortstafeln in Kärnten anderer Meinung als der Landeshauptmann war. Haider bezeichnete das Erkenntnis des Verfassungsgerichtshofs gar als „nichtig", obwohl er es als gut ausgebildeter Jurist besser wusste, immerhin war er Assistent des anerkannten

Verfassungsrechtlers Günther Winkler gewesen. Darauf Bezug nehmend sprach Professor Heinz Mayer von einem „Verfassungsputsch" des FPÖ-Politikers.

Sebastian Kurz imitierte ohne juristische Ausbildung zwar Haider in manchen Erscheinungen des Rechtspopulismus, aber er agierte viel strategischer als der oft emotionale Haider. So wartete Kurz nicht auf eine juristische Entscheidung oder auf eine Aktivität der Staatsanwaltschaft, sondern attackierte die WKStA schon, bevor es zu öffentlichen Differenzen kam. Am 20. Jänner 2020, genau zwei Tage vor Einsetzung des Ibiza-Untersuchungsausschusses, der eigentlich „Untersuchungsausschuss betreffend mutmaßlicher Käuflichkeit der türkis-blauen Bundesregierung" hieß, wurde Kurz aktiv. An diesem 20. Jänner 2020 rief der damalige Bundeskanzler rund 40 Journalist*innen zu einem sogenannten Hintergrundgespräch. Wer in Wien 40 Vertreter*innen von Medien einlädt, der will, dass darüber berichtet wird, aber eben nicht mit wörtlichen Zitaten. Es ging darum, Stimmung zu machen, und zwar gegen eine Einrichtung der Justiz, die zur Bekämpfung von Korruption im wirtschaftlichen und politischen Bereich am 1. Jänner 2009 eingerichtet worden war. Aus gutem Grund hat die damalige Justizministerin Maria Berger eine zentrale Stelle geschaffen: „Wenn früher gegen lokale Politiker ermittelt wurde, dann ist da oft nicht viel herausgekommen, weil es Naheverhältnisse zwischen Staatsanwaltschaften und Politikern gab", erklärte Maria Berger später der deutschen Wochenzeitung *Die Zeit* ein Stück Österreich.

Kurz machte also Stimmung, und das geht am besten mit knackigen Formulierungen und unbewiesenen Unterstellungen. Also sprach der Bundeskanzler von „roten Netzwerken" in der WKStA, ohne das zu konkretisieren. Aber der Spin war damit bei den Medien platziert. Karoline Edtstadler, immerhin Verfassungsministerin und karenzierte Beamtin der Staatsanwaltschaft, spielte das weiter, indem sie meinte, das Vertrauen in die WKStA müsse „wiederhergestellt“ werden. Wer hat denn versucht, das Vertrauen zu zerstören? Der ÖVP-Fraktionsführer im Ibiza-Ausschuss, Andreas Hanger, führte die Kampagne verlässlich ins Absurde, aus den „roten Netzwerken“ wurden in seinen Tiraden „linke Zellen“, ohne dass er einen Beleg vorweisen konnte. Solche Formulierungen entstehen, wenn frei gewählte Abgeordnete sich von einer Presseabteilung missbrauchen lassen.

So wurde eine der üblen Methoden der „neuen“ Volkspartei auch rund um die WKStA angewandt: ÖVP-Politiker*innen machten vor persönlichen Anfeindungen nicht halt, im Zweifel auch gegen nahestehende Personen, wenn man denjenigen nicht treffen konnte, den man treffen wollte. Sippenhaftung als politischer Aktionismus einer „bürgerlichen“ Partei. In einem Fall ging das so: In der WKStA untersuchte und analysierte eine besonders gut ausgebildete Wirtschaftsjuristin die Chats von Thomas Schmid. Sie hatte zuvor gegenüber der Justiz offengelegt, dass sie die Lebensgefährtin eines Oberstaatsanwalts der WKStA ist. Für die ÖVP war das ein willkommener Anlass, um beide in ein schiefes Licht zu rücken. Eine unbedeutende, aber der ÖVP zugeneigte Website schrieb von einer „In-house-Liebesbeziehung“, der Staatsanwalt habe seine „Geliebte“ eingesetzt. Dass diese Expertin bereits sieben Jahre für die WKStA arbeitete und ihr Lebensgefährte nicht ihr Chef war, wurde bewusst nicht erwähnt. Solche falschen Anschuldigungen liefen über anonyme Anzeigen, wobei dieselbe ÖVP beklagte, dass es so viele Anzeigen gäbe. Um die Kurz-Partie zu schützen, war der ÖVP jedes Mittel recht.

Die öffentlichen Attacken waren das Eine, aber wie die Arbeit der WKStA intern behindert wurde, erzählte Christine Jilek auf geradezu beklemmende Weise im Februar 2021 im Ibiza-Ausschuss. Die Staatsanwältin hatte im Herbst 2020 die WKStA wegen des enormen Drucks verlassen und wechselte nach Graz, wo sie als Richterin tätig war, als sie im Ibizaausschuss vernommen wurde. Jilek erzählte von „Störfeuern", die sie bei ihrer Arbeit in der WKStA behinderten, etwa durch Berichtspflichten an Oberstaatsanwalt Johann Fuchs, die juristisch nicht notwendig gewesen wären. Diese Berichte sollten eindeutig ihre Arbeit beeinträchtigen oder gar behindern. Als Staatsanwältin beobachtete Jilek ein verdächtiges Zusammenspiel zwischen Fuchs und Sektionschef Christian Pilnacek, welches sie als „unfassbar" bezeichnete. Jileks Appell an die Abgeordneten: „Befreien Sie die WKStA" von dem politischen Korsett. Rote Netzwerke oder linke Zellen hat sie damit nicht gemeint. Jilek kehrte im Februar 2022 zurück nach Wien in die WKStA.

Statt „roter Netzwerke" war es vielmehr Christian Pilnacek, der die Justiz über viele Jahre hindurch im Sinne der ÖVP dominiert hat und dabei Streit mit ermittelnden Staatsanwälten nicht vermied. Berühmt wurde sein „Daschlogt's es". Am 1. April 2019 hatte er bei einer Dienstbesprechung in der Sache Eurofighter der WKStA klar angeordnet, sie solle Teile des Ermittlungsverfahrens einstellen. Rund um den Eurofighter ist sehr viel Geld ungeklärt geflossen, aber bisher musste niemand dafür Verantwortung übernehmen, die meisten Verfahren wurden nach vielen Jahren eingestellt.

Für Christian Pilnacek, den ehemaligen starken Mann der österreichischen Justiz, sind manche Chats, die im Zuge des Ibiza-Ausschusses bekannt wurden, besonders peinlich. Der

Verdacht des Verrats einer Hausdurchsuchung beim Immobilienunternehmer Michael Tojner führte zu seiner Suspendierung, unpassende Bemerkungen über Mitglieder des Verfassungsgerichtshofs beschädigten seinen Ruf. Und sein SMS „Wer vorbereitet Gernot" ist nur ein Beweis dafür, dass er sich nicht als Wahrer einer unabhängigen Justiz sah, sondern als Beschützer von ÖVP-Politiker*innen. Ein auf die Verfassung angelobter Beamter machte sich Sorgen, ob Politiker*innen im Stande sein würden, die Fragen der Justiz zu beantworten. Am 24. Februar 2021 schrieb Pilnacek zu später Stunde an den Kabinettschef von Finanzminister Blümel, Clemens-Wolfgang Niedrist: „Wer vorbereitet Gernot auf seine Vernehmung?" Der oberste Beamte des österreichischen Justizministeriums war also beunruhigt, weil der Finanzminister eine Vernehmung bei der WKStA hatte. Und eine angeordnete Hausdurchsuchung bei Finanzminister Blümel kommentierte Pilnacek gegenüber Niedrist so: „Das ist ein Putsch."

Und dann gab es noch die Affäre rund um die Rechtsschutzbeauftragte der Justiz, Gabriele Aicher. Das ist ein besonders wichtiger Posten zur Wahrung der Unabhängigkeit der Justiz. Gabriele Aicher hatte Kritik wegen der Ermittlungen der WKStA geübt, insbesondere in Bezug auf Razzien beim Medienhaus Österreich. Dabei ging es um die Inseratenaffäre, in die auch Sebastian Kurz verwickelt ist. Nun stellte sich aber heraus, dass sich Frau Aicher bei ihrer Arbeit von der Kanzlei der Rechtsanwälte Ainedter beraten ließ. Klaus Ainedter vertritt auch zwei Beschuldigte des Verfahrens zur Inseratenaffäre, darunter den Kurz-Vertrauten Gerald Fleischmann. Kurios war denn auch der Rücktritt von Gabriele Aicher als Rechtsschutzbeauftragte. Den ließ sie von ihrem Anwalt Manfred Ainedter in einem Interview mit dem ORF-REPORT verkünden. Die unabhängige Justiz schien plötzlich in den Fängen von politischen Aktivisten und gewieften Anwälten. Österreich im Jahr 2022.

Es gehörte auch zum System Kurz, dass immer wieder auch Unbeteiligte involviert wurden und dabei ihren Ruf beschädigten. Einer davon ist der Professor für Strafrecht an der Uni Wien, Peter Lewisch. Werner Suppan, der Anwalt von Sebastian Kurz, bestellte ein privates Gutachten, das der Professor wenig sensibel auf Briefpapier der Universität verfasste. Und in dem er nicht nur zu Rechtsfragen Stellung nahm, sondern Inseratenkorruption als „sozialadäquates Verhalten" beschrieb. So ruiniert man seinen Ruf. Kurz war das gleichgültig, aber warum lassen sich Menschen überhaupt auf so etwas ein? Welche Erwartungshaltung gab es, wenn man der ÖVP oder führenden Repräsentanten einen Gefallen tat?

Das Vertrauen in die Justiz hat gelitten, und genau das wollte das System Kurz. Das ist Teil der Inszenierung einer autoritären Republik, wie man sie in anderen Ländern beobachten konnte und kann. Auch hier gilt wieder: Den großen ideologischen Plan gab es nicht, sondern eher die Angst vor einer unabhängigen Justiz, beziehungsweise das überhebliche Vorhaben, auch die Justiz personell und inhaltlich unter Kontrolle zu bringen. Was bleibt: Sebastian Kurz hat seinen Amtseid auf die Pflichten gegenüber der Republik Österreich und die Wahrung der Gesetze geleistet, wollte aber bewusst wesentliche Institutionen dieser Republik beschädigen. Und er ist damit ein ordentliches Stück weit gekommen.

Aber wie gewinnt die Justiz wieder das Vertrauen zurück, das sie in einem Rechtsstaat braucht und seit 1945 im Prinzip, trotz gewisser Anfeindungen, immer hatte? Die Antwort geben die 72 Forderungen des Antikorruptionsvolksbegehrens, das im Frühjahr 2022 aufliegt. Honorige Persönlichkeiten mit viel Erfahrung wie die frühere Höchstrichterin und NEOS-Abgeordnete Irmgard Griss sind ebenso dabei wie der erste Chef der WKStA, Walter Geyer, Ex-Rechnungshofpräsident Franz Fiedler, der ehemalige Justizsprecher der ÖVP, Michael Ikrath, der frühere Leiter der Internationalen Antikorruptionsakademie, Martin Kreutner, oder die bereits erwähnte Richterin Christine Jilek haben diese wichtige Initiative ergriffen. Jilek nennt in einem Interview mit dem Magazin *profil* einige Punkte, die aus ihrer Erfahrung besonders wichtig sind. Da geht es zum Beispiel um Berichtspflichten, die die Untersuchungen aufhalten, vor allem bei sogenannten „clamorosen Fällen", also „Lärm erzeugenden" Fällen, wo prominente Persönlichkeiten betroffen sind. Diese Berichtspflichten müssen abgeschafft werden. Hingegen dürfen nur unabhängige Gerichte die Arbeit der Staatsanwaltschaften kontrollieren. Das Volksbegehren verlangt auch eine effiziente Kronzeugenregelung, da es „bei Korruptionsdelikten in der Regel keine Zeugen und keine anzeigenwilligen Opfer gibt". Dazu kommt die alte Forderung nach einer unabhängigen Bundesanwaltschaft, damit die politische Führung des Justizministeriums sich nicht mehr einmischen kann. Aber auch hier stellt sich die Frage, wer diese Persönlichkeit auswählt und wie garantiert werden kann, dass sie möglichst unabhängig agieren kann. Wir sind ja in Österreich. Die WKStA braucht mehr Personal, und auch hier muss es bei Postenbesetzungen völlige Transparenz und Hearings geben. Das Volksbegehren unterschrieben Anfang Mai 307.629 Personen. Die Erwartungen lagen darüber, aber, so hieß es resignativ, viele Menschen in Österreich hätten sich an Korruption gewöhnt. Die Behandlung im Parlament wird zeigen, welchen Parteien dieser missliche Zustand gefällt.

Positiv ist, dass ein Plan der ÖVP verhindert werden konnte: das Verbot, bei Ämtern und Ministerien Hausdurchsuchungen durchzuführen. Dafür wird es noch heftige Debatten darüber geben, inwieweit die Justiz Handys auswerten darf. Die Erzählung der ÖVP, das seien private Chats gewesen, hat sich ad absurdum geführt, wenn wir Details über Postenbesetzungen, Tätigkeiten des Finanzamts oder Aktivitäten von Bundesministern lesen mussten. Gerade Thomas Schmid hat etwa bei den Chats mit seiner engsten Mitarbeiterin persönliche Themen anklingen lassen, aber es ging dabei immer um Vorgänge im Finanzministerium, seine Meinung über Kolleg*innen oder auch den jeweiligen Minister. Eines lässt sich sagen: Die Korruption ist in Österreich so tief in die Politik eingedrungen, dass die Justiz eher mehr als weniger Möglichkeiten braucht, um dagegen anzukämpfen.

Und das betrifft nicht nur den Bund. Im Frühjahr 2022 geriet plötzlich ausgerechnet die ÖVP in Vorarlberg in die Schlagzeilen. Und wieder ging es um Inseratenkorruption. Für manche war das eine Überraschung: Im alemannischen Westen unseres schönes Landes wird die Macht genauso missbraucht wie im Rest der Republik. Für eine Zeitung des ÖVP-Wirtschaftsbundes wurden Gelder des Landes und von landeseigenen Unternehmen lukriert. Dazu kam der anonyme Vorwurf, Landeshauptmann Wallner selbst habe einen Unternehmer gedrängt, Inserate zu schalten, was dieser bestritt. Der ohnehin schon angeschlagene Landeshauptmann, bis dahin ein geachteter Politiker, zeigte sich wenig lernfähig. Er ließ Handy und Tablet austauschen, angeblich hatte er erfahren, dass die WKStA wegen Vorteilsannahme (§ 305 StGB) gegen ihn und zwei andere Politiker ermittelt. Politisch brisant war, dass der grüne Landesrat Daniel Zadra, zuständig unter anderem für IT, den Behörden gemeldet hat, dass Wallner sein Handy habe tauschen lassen Und so musste der anerkannte Landeshauptmann von Vorarlberg, Markus Wallner, auch vor den ÖVP-Korruptionsausschuss. Dort verhielt sich seine Fraktion wie bei anderen wichtigen ÖVP-Politikern und versuchte durch lange Geschäftsordnungsdebatten die Befragung zu zerstören, während Wallner vor allem „keine Erinnerung" hatte, dass er Inserate angeworben hätte. Das stand im Widerspruch zu seinem Eingangsstatement, wo er betont hatte, er habe für Inserate „keine Amtsgeschäfte in Aussicht gestellt." Zusätzlich stellte sich heraus, dass der Vorarlberger Wirtschaftsbund für seine Zeitung *Vorarlberger Wirtschaft* nicht nur Inserate verkaufte, sondern auch für redaktionelle Beiträge Geld nahm. Dass es der Wirtschaftsbund mit dem Journalismus nicht so ernst nimmt, überrascht in diesem Zusammenhang ohnehin nicht. Die unabhängige Berichterstattung der Medien war den Mächtigen in Österreich immer lästig und viele versuchten im Lauf der Jahrzehnte, diese einzuschränken. Aber auch hier hat das System Kurz auf brutale Weise Schlimmes angerichtet.

DIE MEDIEN WERDEN ALS UNABHÄNGIGE KONTROLLINSTANZ AKZEPTIERT

Das Verhältnis zwischen Politik und Medien war in Österreich immer zu eng, mal zu freundschaftlich – „verhabert", wie man in Wien sagt –, mal war man einander in Abneigung verbunden, immer öfter spielte Geld eine Rolle. Verleger*innen und auch manche Chefredakteur*innen hatten noch dazu Angst, keinen Zugang zu Informationen oder keine Inserate zu bekommen, manche hatten auch Angst um ihre Position. Politiker*innen hatten aber noch mehr Angst. Angst, „hinuntergeschrieben" zu werden, wie das manchmal unmissverständlich angedroht wurde, und zwar genau mit diesen Worten. Das muss man einmal auf sich wirken lassen: Das Verhältnis zwischen Medien und Politik wird in Österreich zum Teil von einem Gefühl geleitet, das rationales Handeln ausschaltet. Medien unter Druck setzen und Redakteur*innen bedrohen oder korrumpieren, das hat in Österreich leider eine Tradition bis ins 19. Jahrhundert, wie der Historiker Oliver Rathkolb in einer lesenswerten Abhandlung in der *Frankfurter Allgemeinen Zeitung* vom 20. Dezember 2021 ausführt. Rathkolb verweist auf das 1872 erschienene Buch des deutschen Autors Wilhelm Angerstein, „Die Corruption in

Oesterreich", und fasst zusammen: „Entweder kauften die Banken damals Zeitungen, oder Unternehmen offerierten Journalisten bei der Einführung von Aktien an der Börse Aktienanteile, woraufhin sie bei niedrigem Einstiegspreis meist sehr große Gewinne machen konnten." Als es der Verleger des Krawallblatts *Die Stunde*, Imre Bekessy, nach dem Ersten Weltkrieg besonders schlimm trieb, rief Karl Kraus: „Hinaus aus Wien mit dem Schuft." In der Zweiten Republik drohte Bundeskanzler Julius Raab dem Verleger Fritz Molden, er werde seine Kredite bei allen Banken sperren lassen, wenn er in seiner Zeitung *Die Presse* weiter über dubiose Geschäfte und die Parteienfinanzierung des Wiener ÖVP-Obmannes Fritz Polcar schreiben würde. Das war in den Jahren 1957 und 1958. Das ist uns so vertraut, als wäre es gestern gewesen.

Und weil es für Leser*innen, die mit diesem Milieu nie etwas zu tun hatten, unfassbar sein muss, wie das so abläuft, soll hier genau beschrieben werden, was heutzutage in Österreich möglich ist: Ein Verleger, der auch Chefredakteur ist, beginnt Termine mit führenden Politikern oder auch Vorständen von Unternehmen mit der Formulierung: „Was werft's ihr ein?" Auf Hochdeutsch: „Wie viel Geld für Inserate kann ich von Ihnen erwarten?" Und wenn keine befriedigende Antwort kommt, lautet die Formulierung: „Wenn ich nicht mehr krieg, dann schreib ich Sie obe." Also: „Dann werde ich negativ über Sie berichten", wobei auch gerne ins Du-Wort gewechselt wird. Viele haben mir diese Szene erzählt, aber niemand will mit seinem Namen als Zeuge genannt werden, siehe oben – Angst. Also floss immer mehr Geld, natürlich Steuergeld.

Aber es wird nicht oft passiert sein, dass ein Politiker zu einem Chefredakteur gesagt hat: „Du bist mein Freund oder mein Feind". Eine andere Variante, gar einen fairen Umgang miteinander, hat Sebastian Kurz am Abend des 19. Juni 2017 nicht zugelassen, als wir uns gegen 18 Uhr im Restaurant Mario in Wien Hietzing trafen. Er kam schnell zum Punkt. Zunächst wollte er wissen: „Warum magst du mich nicht?" Darauf konnte ich keine Antwort geben, denn ich hatte keine Gefühle zu dem jungen Mann entwickelt, ihn vielmehr, wie alle anderen seines Berufsstandes, beobachtet. Und zwar durchaus mit Interesse, weil der flotte Aufstieg des jungen Politikers, kombiniert mit perfekter Inszenierung, ungewöhnlich war. Als die mehrfach wiederholte Frage nach dem Mögen oder Nicht-Mögen nicht weiterführte, ließ er nur diese Alternativen zu: Freund oder Feind – eine andere Beziehung konnte sich der damalige Außenminister und ÖVP-Chef mit der baldigen Aussicht, Bundeskanzler zu werden, nicht vorstellen. Ich weiß von Gesprächen mit Kolleg*innen, dass er das sehr bewusst so sah, auch offen darüber sprach, als Teil seiner Strategie gegenüber Medien. In Wirklichkeit war es eine Form von erpresserischer Drohung, so empfand ich es jedenfalls, denn er machte unmissverständlich klar, dass es nachteilig sein würde, sein Feind zu sein. Ich versuchte ihm klarzumachen, dass es im wirklichen Leben mehr als nur diese beiden Möglichkeiten geben müsse. Aber dass er das nicht begriffen hat, konnte ich später in einem Chat zwischen Kurz und Schmid lesen: „Brandstätter hasst mich", schrieb Kurz. Für ihn war es also Hass, sich seinem Willen nicht zu unterwerfen und zu widersprechen. Aber ich kann bis heute keinen Hass empfinden, eher Mitleid mit einem unreifen Charakter und Erstaunen darüber, wie viele auf so jemanden hereinfallen konnte.

Wie kommt ein junger Mensch zu einer solchen Sicht des Verhältnisses zwischen Politik und Medien? Die Truppe rund um Kurz hat genau analysiert, wie die gegenseitige Abhängigkeit während der Zweiten Republik verlaufen ist. Den ORF betrachtete die Politik traditionell als ihr Eigentum, mit einer kurzen Ausnahme. Das ORF-Volksbegehren des Jahres 1964, von *KURIER*-Chefredakteur Hugo Portisch initiiert, schuf einen unabhängigen Rundfunk, aber nur, solange sich die Regierung daran hielt. Nur Bundeskanzler Josef Klaus (1964–1970) nahm es ernst mit der Unabhängigkeit des im Jahr 1967 gegründeten neuen ORF, wie der erste Generalintendant Gerd Bacher später erzählte. Als der konservative Bacher den Chefredakteur der sozialistischen *Arbeiter-Zeitung*, Franz Kreuzer, zum Chef der ORF-Information machte, fragte der mit absoluter ÖVP-Mehrheit regierende Klaus, warum das ausgerechnet ein Sozialist werden müsse, gab sich aber, so Bacher, mit einer kurzen Antwort zufrieden: „Weil er der Beste ist." Eine Antwort, die spätere Bundeskanzler eher nicht gelten ließen. Regelmäßig mischten sie sich in Personalentscheidungen ein, wobei ihr Ansinnen nicht höhere Qualität, sondern persönliche Nähe, im Idealfall Ergebenheit war. Schon der Sozialdemokrat Bruno Kreisky, der im Jahr 1970 Nachfolger von Klaus wurde, war mit dem ORF so unzufrieden, dass er das unternahm, was Kanzler nach ihm auch taten: Er änderte das ORF-Gesetz, was natürlich die Bestellung einer neuen Führung zur Folge hatte. Kreisky gelang das nur teilweise, weil im Kuratorium, dem Aufsichtsgremium, das damals den Generaldirektor wählte, geheim abgestimmt wurde und Bacher seine Deals machte, unter anderem mit den wahlberechtigten Betriebsräten. Das war dem ÖVP-Politiker Andreas Khol aufgefallen, der als Klubobmann der ersten schwarz-blauen Koalition ab dem Jahr 2000 ins neue Rundfunkgesetz hineinschreiben ließ, dass bei Personalentscheidungen offen abgestimmt werden müsse. Überraschungen sind seither ausgeschlossen. Alexander Wrabetz konnte sich 2006 eine Mehrheit gegen Bundeskanzler Wolfgang Schüssel nur deshalb organisieren, weil er sich die Stimmen des noch mitregierenden BZÖ sicherte. Der damalige BZÖ-Chef Peter Westenthaler wollte sich bei Schüssel revanchieren, weil dieser ihn nach seiner Wahl zum Parteichef nicht in die Regierung aufgenommen hatte. Auf einer A4-Seite, die der *KURIER* im März 2012 veröffentlichte, hatten Wrabetz und Westenthaler festgehalten, welche Personen welche Jobs im ORF bekommen könnten. Das Geschäft lautete also: ein Job gegen viele Jobs. Den Parteien, die involviert waren, war es recht, solange sie davon zu profitieren glaubten. Der Fairness halber muss hinzugefügt werden, dass nicht alle auf dem A4-Blatt Erwähnten davon wussten, nicht alles genauso umgesetzt wurde. Es gehört auch zur Politik, dass Parteien Personen für ihre Zwecke missbrauchen, nicht nur im ORF. Machtmissbrauch führt oft zu Verstörung. Hier wäre Heilung besonders wichtig.

In der Regierung Kurz-Strache gab es eine Differenz in Sachen ORF: Die FPÖ wollte die Gebühren abschaffen oder zumindest reduzieren, die ÖVP war da skeptisch. In den Chats zwischen türkisen und blauen Politikern geht es um einen Sideletter, also eine Nebenabsprache bei den Regierungsverhandlungen. So schrieb Kurz am 20. März 2019 kurz nach 20 Uhr an FPÖ-Politiker, nachdem die *Kronen Zeitung* über einen Sideletter berichtet hatte: „Ich halte das für eine wirkliche Grenzüberschreitung! Wer so etwas tut, bringt nicht nur die Koalition, sondern jeden einzelnen von uns in Gefahr!" Und sechs Minuten später an Norbert Hofer: „HC hebt nicht ab. Norbert, Herbert (Kickl) ihr müsst den bitte anrufen, dass das rauskommt. Wollen wir jetzt Spekulationen ob es geheime Absprachen gibt???" Hofer antwortet: „Ich versuche die anderen zu erreichen". FPÖ-Politiker erklärten später, dass Kurz öfter dramatische SMS geschrieben habe, es sei hier nur um die Abschaffung der ORF-Gebühren gegangen, die die FPÖ schon länger anstrebt. Tatsächlich haben Kurz und Strache zusätzlich zum Regierungsprogramm drei geheime Papiere vereinbart, eine Grundsatzvereinbarung und zwei Zusatzvereinbarungen, die FPÖ-Klubdirektor Norbert Nemeth im Jänner 2022 der WKStA übergab. Da wurden – gar nicht „neuer Stil" – viele Posten von den Höchstgerichten über Staatsbetriebe bis zur EU aufgeteilt, und zwar personell ganz im Detail. Für den ORF wurde eine Abschaffung der Gebühren vereinbart, insofern das aus dem Budget finanziert werden konnte. Das hätte die Abhängigkeit des ORF von der Regierung zementiert. Personell wurden „kurzfristig", wie es in dem Papier heißt, neun Führungsfunktionen aufgeteilt und für den künftigen ORF-Vorstand ein Verhältnis von 3 zu 2 für die ÖVP vereinbart, wobei der ÖVP die Generaldirektion versprochen wurde. Diese Vereinbarung klingt nach einem einzigen geplanten Gesetzesbruch, weil für viele Funktionen ja entsprechende Gremien, wie z.B. Aufsichtsräte, zuständig sind. Der burgenländische Landeshauptmann Hans-Peter Doskozil ließ eine Verfassungsbeschwerde einbringen. Die sogenannten „Sideletter" würden beweisen, dass der Einfluss der Regierung auf den ORF zu groß sei.

Und die Grünen zeigten sich im Umgang mit dem ORF auch nicht als die „besseren Menschen", die sie so gerne wären. Denn was tat Werner Kogler mit Sebastian Kurz? Er verfasste einen Sideletter zur kordialen Postenaufteilung zwischen den beiden Parteien, wo es auch um den ORF ging, so wie Kurz schon mit den Blauen gepackelt hatte. Aber wer mit Kurz packelt, muss mit dessen Methoden rechnen. Denn es war kein Zufall, dass dieser Sideletter im Jänner 2022 auftauchte, als Kurz schon weg war, seine früheren Mitarbeiter aber noch aktiv waren. Ausgerechnet an dem Tag, an dem der türkis-*blaue* Sideletter auftauchte, wurde der türkis-*grüne* an gewisse Medien übermittelt. Für die Grünen war das zunächst peinlich, aber es hinderte sie nicht daran, alles wie mit der ÖVP vereinbart durchzuziehen. So wurde der Grüne Lothar Lockl Vorsitzender des ORF-Stiftungsrates und erklärte sogleich, dass auch die sogenannten Freundeskreise im ORF in Ordnung seien. Dort werde die „Arbeit vorbereitet", erklärte Lockl nach seiner Wahl. In Wirklichkeit nehmen die Parteien das Rundfunkgesetz nicht ernst, das einen unabhängigen ORF vorsieht statt einen von Parteien geleiteten. ORF-Moderator Armin Wolf schrieb sogar von einem Bruch der Verfassung und bezog sich auf seinem Blog auf den Präsidenten des Verfassungsgerichtshofs, Christoph Grabenwarter, der 2018 geschrieben hatte: „Herrscht in den Organen eine zu große Mehrheit von Vertretern der Regierungsparteien, wird Artikel 10 Menschenrechtskonvention verletzt". Also die Bestimmung über die Freiheit der Meinungsäußerung. Grabenwarter wollte die Interpretation Wolfs nicht kommentieren, nur so viel: „Wichtig ist, dass der öffentlich-rechtliche Rundfunk eine hinreichend garantierte Staatsferne hat." Aber die hat er nicht, hier sind wir Ungarn näher, als uns lieb sein kann. Ein Gesetz über einen unabhängigen Rundfunk ist dringend nötig. Immerhin, hier tut sich etwas. Der Presseclub Concordia und der Jurist Walter Strobl haben bei der Medienbehörde KommAustria eine Popularbeschwerde gegen die Zusammensetzung der ORF-Gremien bei der zuständigen Behörde KommAustria eingebracht. Das Thema könnte noch die Höchstgerichte beschäftigen.

Bei den Zeitungen sind die Methoden, wie Druck ausgeübt wird, noch komplizierter. Dort entwickelten sich als Mittel für Druck und Einfluss die Anzeigen – das System heißt inzwischen allgemein anerkannt Inseratenkorruption. Als ich 2011 im *KURIER* diese Bezeichnung wählte, war ich damit noch allein, allerdings widersprach auch niemand, obwohl es doch um einen heftigen Vorwurf ging. Dieses System ist weltweit einzigartig, sowohl in der Höhe der Ausgaben von Bund, Ländern und staatsnahen Betrieben als auch in der Form der gegenseitigen Abhängigkeit. Es geht um rund 220 Millionen Euro pro Jahr, Tendenz steigend. Pro Kopf geben diese staatlichen Einrichtungen zehnmal so viel Steuergeld aus wie in Deutschland. Als Begründung wird immer angegeben, dass dies eine Form der Presseförderung sei. Eine solche gibt es tatsächlich, aber das sind nur rund 9 Millionen Euro pro Jahr, und davon bekommt das Volksblatt der ÖVP Oberösterreich fast 900.000 Euro, obwohl es die enorm hohe Parteienförderung gibt, in Summe über 200 Millionen Euro pro Jahr. Verrückt.

Das System der Inseratenkorruption lief also bereits wie geschmiert, als Kurz und Co. im Jahr 2016 das „Projekt Ballhausplatz" starteten – der Weg zur Macht mit einem Sebastian Kurz, der in der ÖVP alles bestimmen wollte und schließlich sollte. Er wollte aber nicht nur die ÖVP dominieren, sondern hatte in seiner Regierungszeit als Außenminister bereits eine eigene Sicht auf Medien entwickelt, die alle Redaktionen bereits kannten, gegen die sich aber nicht alle wehrten. Das war auch nicht einfach. In der Anordnung des Systems Kurz hatten Medien nicht so zu berichten, wie sie wollten, sie hatten nicht die Regierung zu kontrollieren oder gar zu kritisieren, nein, ihre Aufgabe war die gefällige Aufbereitung von Geschichten und Bildern, die sein Team entwickelt hatte. Das war in der Konsequenz, in der das erdacht und praktiziert wurde, neu. Es gab Kanzler, die mit Journalist*innen spielten wie Bruno Kreisky oder ihnen eher skeptisch gegenüber standen wie Wolfgang Schüssel. Alle hatten sie ihre Lieblinge in den Medien, manche sahen einzelne Reporter*innen vielleicht als Gegner, aber für Kurz war klar: Journalist*innen sind als Teil des politischen Betriebs nicht auf der anderen Seite des Zauns, sondern sollen ausschließlich seine Sicht der Dinge berichten. In Fragen der Personalpolitik orientierte sich der „neue Stil" nicht selten an den 1950er-Jahren. Und um diese Sicht durchzusetzen, verwendete Kurz von Anfang an viel Zeit für persönliche Gespräche mit Medienvertreter*innen, rief ständig in den Redaktionen an, zu Beginn freundlich, dann oft auch herrisch. Er telefonierte ständig mit jungen Redakteur*innen, mit Chefredakteur*innen und Eigentümern. Es ging um große Geschichten, kleine Fotos oder auch nur einen Zwischentitel, der ihm in einer Meldung der APA missfiel. Alle sollten wissen: Die Beobachtung läuft rund um die Uhr und gilt allen Medien. Seine Medienleute, die immer zahlreicher und immer brutaler wurden, bereiteten fertige Geschichten vor, um die zunehmend ausgedünnten Redaktionen zu bedienen oder zu bedrohen. Wenn nichts mehr funktionierte, dann kam Gerald Fleischmann durchs Rohr, ein wenig erfolgreicher ehemaliger Journalist, der es zum „Medienbeauftragten des Bundeskanzlers" gebracht hatte und bei Widerspruch schnell laut wurde. „Ich schreie eh zurück", erklärte mir einmal der innenpolitische Chef einer Tageszeitung. Und wenn Kurz über Twitter ÖVP-Propaganda machte, dann wurde auch das von Bediensteten des Außenministeriums oder des Kanzleramts gesteuert. Den Unterschied zwischen Staat und Partei wollte die Kurz-Partie ja nie verstehen, alles sollte ihnen gehören. Insofern war es zwar erstaunlich, dass der Chef einer Wirtschaftspartei auch das Eigentum an Medien nicht achtete – und doch wieder logisch. Ich habe erlebt, wie er sich bei Personalentscheidungen persönlich zuständig fühlte, diese in seinem Sinn herbeizuführen, und wie andere bereit waren, sich zu unterwerfen.

Was die Kurz-Truppe von Medien hielt, wird bereits im Papier „Projekt Ballhausplatz", das die Machtübernahme skizzierte, deutlich: Es geht um „Medienkooperationen, Inserate etc." und „Interviews mit Journis". Dann wird geplant: „Die Story: Die nächsten Schritte." Die Erzählung soll also nicht den „Journis" überlassen, sondern muss von der kleinen verschworenen Truppe festgelegt werden. Die Medien haben diese zu übernehmen.

In der täglichen Arbeit des Presseteams wurde bald die Methode klar: Es wird ein Bild von Kurz entworfen, das über Fotos und kurze Videos verbreitet wird, eingefärbt in die neue Parteifarbe Türkis, umrandet von Menschen, die begeistert bis verzückt wirken: Da agiert ein entschlossener Mann, der die Republik von den Lasten einer streitenden Koalition befreit und schnell Anerkennung im Ausland findet. Dazu die passenden Slogans: „Neuer Stil", „klare Entscheidungen", „Sparen im System". Aber genau das war es nicht. Es wurde bald der Uralt-Stil des Proporzes praktiziert, Entscheidungen wurden verzögert und gespart wurde überhaupt nicht. Nie zuvor waren so viele Pressemitarbeiter*innen im Kanzleramt tätig, dazu noch eine riesige Zahl in den anderen ÖVP-Ministerien. Die Inseratenausgaben waren bald deutlich höher als beim – dem Boulevard gegenüber durchaus freundlich gestimmten – Werner Faymann. Gleichzeitig mussten vor allem die Qualitätsmedien sparen, die Redaktionen wurden ausgedünnt. So kontrollierte ein Heer von Pressesprecher*innen eine immer kleinere Anzahl von Journalist*innen. Die Aufgabe der unabhängigen Medien wurde pervertiert.

Was mit dem vielen Geld geschah, das in den Ministerien für Öffentlichkeitsarbeit reserviert wurde, konnte man im Ibiza-Ausschuss nachvollziehen. So schrieb ein Mitarbeiter von Finanzminister Hartwig Löger diesem am 16. Jänner 2019: „Aktuell wird über das üppige Medien-Budget (weit mehr als die Medienförderung) des BMF viel Wohlwollen für persönliche Zwecke gesichert. Es wäre toll, wenn dieses dem Bundesministerium bzw. dem Bundesminister zugutekommen würde." Im Klartext schrieb er dem Minister: Mit Steuergeld können wir günstige Berichterstattung kaufen.

Aber das Feld war bereits davor aufbereitet worden, während Sebastian Kurz als Außenminister daran arbeitete, seinen Parteichef und Vizekanzler Mitterlehner abzuschießen. Die WKStA hat detailliert beschrieben, wie Thomas Schmid und andere gemeinsam mit der Meinungsforscherin Sabine Beinschab ab 2016 Meinungsumfragen für die Zeitung *Österreich* organisierte. Und fälschte, pardon: frisierte, so der Vorwurf. Schmid an Pressesprecher Frischmann über einen Deal mit *Österreich*-Herausgeber Wolfgang Fellner: „So weit wie wir bin ich echt noch nicht gegangen. Geniales Investment. Und Fellner ist ein Kapitalist. Wer zahlt, schafft an. Ich liebe das". Ob das mit Geld des Finanzministeriums bezahlt wurde, ist zu klären, ebenso die Beteiligung von Kurz an der mutmaßlichen Untreue. Schmid an Beinschab: „Die offenen [Kosten für die Studien] packst du dann in die Studie [zur Betrugsbekämpfung, Anm.] rein." Und diese Studie bezahlte das Finanzministerium.

Knapp vor Weihnachten 2021 veröffentlichte die interne Revision des Finanzministeriums einen Bericht dazu. Der neue Finanzminister Magnus Brunner (ÖVP) wollte sich offenbar nicht mit den obskuren Aktivitäten seiner Vorgänger belasten. Den Bericht der Revision fasste der Präsident der Finanzprokuratur, Wolfgang Peschorn, so zusammen: „Der Vorwurf, den die Wirtschafts- und Korruptionsstaatsanwaltschaft erhoben hat, hat sich nicht entkräften lassen. Das wurde vor Wochen ja noch anders gesehen." Da vermischte sich die Inseratenkorruption mit bedenklichem Umgang mit Steuergeld. Denn von 28 Studien, die in dem Untersuchungszeitraum vergeben wurden, konnten nur zwei im entsprechenden Akt gefunden werden. Fairerweise muss gesagt werden, dass auch die von der SPÖ seit 1945 geführte Stadt Wien mit ihrem Presse- und Informationsdienst (PID) sehr teure Methoden entwickelt hat, sich freundliche Berichterstattung zu kaufen. Die investigative Plattform *Dossier* hat in langwierigen Recherchen aufgezeigt, wie das Medientransparenzgesetz umgangen wurde: Indem Inserate, die nicht an periodisch erscheinende Druckschriften gingen, nicht gemeldet wurden. Und auch aus Vorarlberg wurden sonderbare Deals mit Inseraten berichtet.

Nur eine umfassende Reform der Presseförderung mit völliger Transparenz kann diese Aberrationen der Demokratie in Österreich beenden. Der Skandal rund um teure Inserate und gefälschte Umfragen rund um Kurz und Schmid sollte der letzte Anlass für eine derartige Reform sein. Aber vielleicht ist die Politik erst dann dazu bereit, wenn es hohe Strafen und zivilrechtliche Ansprüche gegen Politiker*innen gibt, die Steuergeld für

Inserate missbraucht haben. Generalprokurator Peschorn hat entsprechende Klagen in Aussicht gestellt.

Wie effiziente Reformen aussehen könnten, lässt sich leicht darstellen, komplizierter ist die Frage, wer sich traut, diese auch durchzusetzen. Denn es wird Verlierer geben, nämlich die Eigentümer gewisser Boulevardzeitungen auf der einen und ängstliche Politiker*innen auf der anderen Seite. Sie müssten in einem Anfall von Mut davon überzeugt sein, dass sie ihre Politik auch ohne gekaufte Jubelberichte erfolgreich darstellen können. Der erste Schritt wäre es, alle Inserate des Bundes nur über eine Zentralstelle zu buchen, bei vorheriger Kontrolle durch den Rechnungshof, ob die Anzeigen notwendig und sinnvoll sind. Dasselbe gilt für die Bundesländer, wo die Landesrechnungshöfe diese Aufgabe übernehmen müssten. Und diese Stellen müssen alles transparent machen.

Ebenso dringend brauchen wir eine Reform der Presseförderung. Voraussetzung für staatliches Geld könnten Gesichtspunkte der Qualität sein, wie etwa die Bezahlung nach Kollektivvertrag, ein Redakteursstatut, das die Unabhängigkeit der Redaktion absichert, Korrespondentenstellen für Auslandsberichterstattung, Themenvielfalt bis hin zur Berichterstattung über Wissenschaft, dazu die Mitgliedschaft im Presserat und die Akzeptanz der Richtersprüche dieses Gremiums. Auch die Ausbildung der Redakteur*innen muss verbessert werden. Weiters muss die Zahl der Mitarbeiter*innen in den Pressestellen beschränkt werden. Hier ist die Demokratie wirklich pervertiert worden: Denn heute kontrollieren die Pressesprecher*innen die Medien, und nicht umgekehrt. Die Medien müssen kämpfen, um sich gegen die Personen zu wehren, die ihnen eigentlich Auskünfte über die Arbeit der Ministerien geben sollten. In meiner Rede zur Verleihung des Ari-Rat-Preises am 6. Mai 2019 habe ich die Pressefreiheit so definiert: „Wenn wir Journalist*innen beim Schreiben, beim Berichten und Analysieren auch nur einen Gedanken an mögliche negative Auswirkungen unserer Arbeit zulassen, sind wir schon am Anfang vom Ende der Pressefreiheit."

Das beste Mittel gegen Druck und Korruption ist wie immer auch hier Transparenz. Der ORF könnte als öffentlich-rechtlicher Sender damit beginnen, eine Website anzulegen, wo alle Interventionen der Presseabteilungen minutiös aufgeführt werden, zu jeder Sendung, in Inhalt, Form und Tonlage. Das würde die Anzahl und die Art dieser Telefonate und SMS sogleich reduzieren und zivilisieren. Und noch etwas: Wenn mehr Journalist*innen über ihre Erfahrungen mit Kurz, Fleischmann und den anderen berichten, dann könnte das dazu beitragen, dass diese Methoden nicht so schnell wiederkommen.

Der ORF könnte also Teil der Lösung sein, ist aber Teil des Problems. Der Absturz Österreichs im internationalen Ranking der Reporter ohne Grenzen im Frühjahr 2022 ist neben der Inseratenkorruption, den Angriffen auf Journalist*innen und zu wenig Transparenz auch auf den Zugriff der Regierung auf den theoretisch öffentlich-rechtlichen Rundfunk zurückzuführen. Auf der Homepage der Reporter ohne Grenzen heißt es dazu: „Die ständige parteipolitische Einflussnahme auf den ORF muss dringend ein Ende haben, um nicht den Weg von Ungarn, Russland, der Türkei und den vielen Ländern zu folgen, in denen die öffentlich-rechtlichen Medien unter völliger Kontrolle stehen." Das aktuelle Rundfunkgesetz führt dazu, dass die ÖVP, die bei den Wahlen 2019 37,5 Prozent der Stimmen erreicht hat und bei den meisten Umfragen im Frühjahr 2022 deutlich darunter, oft hinter der SPÖ, liegt, im Stiftungsrat über eine absolute Mehrheit verfügt. Dabei sollten die Stiftungsräte unabhängig sein. Aber die offene Abstimmung über die Führung macht sie besonders abhängig. Oft wurde in Österreich darüber diskutiert, dass wir das BBC-Modell eines unabhängigen Rundfunks übernehmen sollten. Aber genauso oft und so lange wird über die Senkung der Lohnnebenkosten, objektive Postenbesetzungen oder Einsparungen im Föderalismus diskutiert. Bisher ohne Ergebnis. Inzwischen ist unsere Demokratie ernsthaft in Gefahr. Das schlechte Ergebnis im Ranking muss ein Weckruf sein. Und selbst der stellvertretende *KURIER*-Chefredakteur Gert Korentschnig schrieb Mitte Juni: „Das Vertrauen in die Medien ist wieder gesunken, eine gefährliche Entwicklung, deren Aufarbeitung auch nach Selbstkritik ruft."

POLITIK WIRD EIN BERUF MIT IDEEN UND VERANTWORTUNG

Der Staatsvertragskanzler Julius Raab (1953–1961) war ein Machtpolitiker, was sonst? Als die ÖVP im Februar 1953 die Wahl verlor und nur mehr an Mandaten stärkste Partei wurde, löste er seinen Freund und CV-Bundesbruder Leopold Figl sehr schnell ab, machte ihn aber zum Außenminister. Von Raab stammt das Zitat: „Nicht die Politik, also die Sorge um das Gemeinwohl verdirbt den Charakter, sondern ein verdorbener Charakter verdirbt die Politik." Üble Charaktere gab es bereits in den Anfängen der Zweiten Republik, es gibt sie überall in der Politik, nicht nur in Österreich. Mehr noch: Wo Menschen Macht über andere haben, besteht die Gefahr, dass sie diese missbrauchen. Und je geringer die Kontrolle durch Justiz und Medien, umso mehr. Öffentliches Geld stellt immer wieder eine allzu große Versuchung für Politiker*innen dar, um es selbst zu verwenden oder die eigene Partei zu bedienen. Aber die finanzielle Korruption ist nur eine der Aberrationen im politischen Leben, es geht auch um Anerkennung und Bedeutung, um Eitelkeit und Verletzungen, um die oft allzu große Differenz zwischen Selbstbild und Fremdbild. Und eben um Bilder, die Bedeutung verschaffen, in Zeiten der sozialen Medien erst recht.

Auch die Bevölkerung tut sich oft schwer in ihrem Verhältnis zu Politiker*innen. Zu oft wird die Wahrnehmung auf Äußerlichkeiten und Geld reduziert. Dazu fehlt es an Ehrlichkeit. Wie oft habe ich es als Reporter erlebt, dass Menschen in Erwartung eines Politikers erzählen, wie sie es ihm oder ihr „hineinsagen" werden. Aber wenn der „hohe Herr" dann auftaucht, wird Gram durch Grinsen ersetzt und Unwillen durch Unterwürfigkeit. „Hoher Herr" für Politiker, das kann man wirklich hören, gegenüber Frauen trauen sich die Leute noch eher, ihren Unmut zu formulieren. Die sozialen Medien haben die Bevölkerung und ihre Vertreter*innen einerseits näher zueinander gebracht, die Öffentlichkeit weiß mehr über das Privatleben der Politiker*innen, das Verständnis ist aber nicht unbedingt gestiegen. Und Beleidigungen, vor allem gegenüber Frauen, sind oft sehr persönlich und nähern sich leider auch immer öfter dem Strafrecht, wenn über soziale Medien oder Mails Drohungen ausgesprochen werden.

In Österreich gibt es aber auch eine Neigung, die inzwischen zu einer Tradition wurde, nämlich Bewunderung und Beliebtheitswerte für Politiker – und bis jetzt waren es nur Männer –, die durch jugendliche Frische, gutes Aussehen und geschickte Rhetorik glänzten, ohne dass sie darüber hinaus auf große Leistungen verweisen konnten. Aber populistische Ansagen konnten sie besonders gut. So unterschiedlich Jörg Haider, Karl-Heinz Grasser und Sebastian Kurz in Herkunft, Ausbildung und Auftreten auch waren – eines gelang diesen Dreien besonders gut: Der Bevölkerung zu vermitteln, dass sie sich in den Dienst für das Land stellen und nur für Österreich arbeiten würden. Haider hat sogar nach Gutsherrenart persönlich Steuergeld verteilt, und es wurde ihm verziehen, manche waren sogar dankbar. Vielleicht funktionierte das, weil diese Politiker für viele Menschen die ideale Projektionsfläche für deren eigene Hoffnungen und Bedürfnisse waren, obwohl bei allen dreien sehr schnell klar wurde, dass sie Personen mit großem Geltungsdrang, einigem Eigeninteresse, aber ohne konstruktives politisches Programm waren. Niemand würde vor einer chirurgischen Operation fragen, wer nett aussieht oder gut reden kann. Nur große Erfahrung und der Verweis auf erfolgreiche Operationen sind ausschlaggebend. Aber warum wurde die Macht in einem Bundesland, das noch dazu eine große Bank betrieben hat, einem Jörg Haider übertragen, der bereits damals für irrationale Auftritte bekannt war? Warum hielten viele Karl-Heinz Grasser für einen guten Finanzminister, nur weil er Sprüche auf Lager hatte wie „Ein guter Tag beginnt mit einem sanierten Budget?" Und Sebastian Kurz? Er hat treuherzig geschaut und, sofern vorbereitet, formvollendet formuliert. Und reiche Leute beeindruckt, die ihm viel Geld spendeten, ohne zu fragen, ob er denn auch die Gesetze zur Wahlkampffinanzierung einhalten würde. „Er hat immer gut zugehört und vermitteln können, dass er sich für unsere Probleme interessiert", hat ein Industrieller erzählt. Haider hat seinen Heldenstatus zumindest in Teilen Kärntens durch seinen frühen Unfalltod erhalten, Grasser bekommt nach vielen Jahren ewiger Prozesse nur mehr Mitleid, und Kurz hat seine Popularität im Herbst 2021 in kürzester Zeit eingebüßt. Das desaströse Pandemiemanagement, die mutmaßliche Inseratenkorruption und die Schimpfwörter, die er laut der Schmid-Chats über seinen Vorgänger Mitterlehner schrieb, waren eine toxische Mischung. Als zuvor bekannt wurde, dass er gegen einen Vertreter der katholischen Kirche „Vollgas" geben wollte, weil die Kirche in der Asylpolitik anderer Meinung war, wurde ihm das noch verziehen. Das Urteil ausländischer Medien war anfangs auch noch von Begeisterung geprägt oder diese waren zumindest beeindruckt. Das US-Magazin *TIME* brachte Kurz im September 2018 auf der Titelseite mit der Schlagzeile: „Extreme Makeover", sprach also von einer Verjüngungskur, mit der der Kanzler die politische Rechte in den Mainstream bringen wolle. Am Ende schrieb dann die dänische Zeitung *Politiken*: „In einem ist Kurz gut gewesen: Im Verführen", die *Neue Zürcher Zeitung* betonte sein „ausgeprägtes Freund-Feind-Denken", und der britische Historiker Timothy Garton Ash erklärte: „Die gefährlichsten Populisten sind diejenigen, denen man es am wenigsten ansieht."

Kaum war Kurz weg und sein Nachfolger Schallenberg wieder zurück im Außenministerium, übte der neue Kanzler Karl Nehammer den Rollenwechsel. Als Innenminister war er durch laute Auftritte und radikale Formulierungen aufgefallen, aber den Kanzler wollte er anders anlegen – verbindlich, zuhörend, verständnisvoll. Wieder einmal ein „neuer Stil". Und anstatt endlich nach Inhalt, Ideen oder gar konkreten Vorstellungen für die Zukunft zu fragen, gab es lange Beobachtungen und Leitartikel, ob denn der Neue doch ein netter Mensch sei. Wenn die Politikexpert*innen schon so auf das Oberflächliche konzentriert sind, wie soll dann die Bevölkerung Politik als Management des Staates verstehen? So bleibt die Macht in den Händen weniger, und gleichzeitig wird die Frustration darüber immer größer.

Im Nationalratswahlkampf 2019 war die Frage, die mir am häufigsten gestellt wurde: „Warum tun Sie sich das an?" Die Antwort war einfach: Ich tue mir nichts an, sondern will dazu beitragen, dass sich Österreich weiter als Demokratie entwickelt und nicht zu einem autoritären Staat wird. Meine diesbezüglichen Befürchtungen habe ich im Buch „Kurz und Kickl – Ihr Spiel mit Macht und Angst“ noch als Journalist beschrieben, das Angebot der Kandidatur kam erst, als das Buch fertig geschrieben war. Andererseits lese ich in Mails oder Postings manchmal: „Sie mit Ihrem enormen Gehalt.“ Journalist*innen in Leitungsfunktion verdienen allerdings mehr als Abgeordnete zum Nationalrat, und ich glaube, dass Geld für die Wenigsten der Impetus ist, in die Politik zu gehen. Selbst das im Vergleich zu Abgeordneten besser bezahlte Ministeramt bedeutet für Manager*innen in der Regel sogar einen finanziellen Abstieg, und der Weg zurück in die Wirtschaft war für viele holprig bis schwierig.

„Politik als Beruf“ lautet ein Klassiker der Politikwissenschaft. Der Soziologe Max Weber hat diesen Vortrag im Jänner 1919 in einer Münchner Buchhandlung nach Aufforderung von linksliberalen Studenten gehalten. Mit nur wenigen Zetteln als Unterlage prägte er dort zwei Begriffe, die uns noch immer beschäftigen müssen: „Gesinnungsethik“ und „Verantwortungsethik“, also den Widerspruch zwischen dem Handeln nach klaren ethischen Regeln und der Notwendigkeit, die Konsequenzen des Handelns bei politischen Entscheidungen als Verantwortungsträger zu berücksichtigen. Weber sah nur Berufspolitiker*innen in der Lage, legitim Herrschaft über andere Menschen auszuüben. Sachliche Leidenschaft, Verantwortungsgefühl und ein distanziertes Augenmaß gehörten für ihn zu den Voraussetzungen des Berufspolitikers, das „langsame Bohren von harten Brettern mit Leidenschaft und Augenmaß“ aber sei nötig, wie das klassische Zitat lautet. Weber sprach von Geduld und sah die größte Gefahr in der Eitelkeit. Dabei wusste er noch nichts von den Versuchungen des Boulevards und der Macht der Bilder in unserer Zeit.

Was können wir 100 Jahre später, nach der Erfahrung von Diktaturen und Demokratie, davon übernehmen? Dass politische Entscheidungen auf ethischer Grundlage vorbereitet werden sollen, aber so erklärt sein müssen, dass den Entscheider*innen die Konsequenzen klar sind und diese auch die Verantwortung haben, diese Folgen der Bevölkerung zu vermitteln. Das sind sehr hohe Ansprüche, aber gleichzeitig sollten sie selbstverständlich sein. Und Entscheidungen über andere treffen zu dürfen ist eine so tiefgehende Aufgabe, dass das eine riesige Motivation sein kann und soll. Allerdings: Ist nicht die Eitelkeit, die Weber als größte Gefahr sieht, nicht auch Voraussetzung dafür, sich in die Öffentlichkeit zu begeben? Eine ehrliche Antwort: Ja, natürlich. Und ein gelungener Auftritt mit viel Applaus ist dazu noch ein mächtiger Verführer. Wer ehrlich zu sich ist, spürt das und kann es auch analysieren.

Der schnelle Aufstieg von Kurz beruhte natürlich auf der zum Narzissmus übersteigerten Eitelkeit des jungen Mannes, die andere hinter ihm gezielt ausnutzten. Aber das funktionierte nur, weil diese Gruppe die Schwächen des Systems verstanden hatte, sowohl in der Partei ÖVP als auch im Staat Österreich. In der ÖVP war man Parteiobmann oft nur auf Abruf, die Macht lag bei den Landeshauptleuten, also wurden diese mit einem klaren Hinweis, den manche als Erpressung deuteten, entmachtet: Er, Kurz, könne ja mit einer eigenen Liste antreten. Freilich hätte er wissen müssen, dass die Unterwerfung ein klar definiertes Ablaufdatum haben würde – mangelnden Erfolg. Und zum System Österreich: Viele waren von den gegenseitigen Blockaden der Großen Koalitionen enttäuscht. Und sie glaubten einem, der versprach, alles anders zu machen. Dass Kompromisse zur Demokratie gehören, hört man nicht so gerne.

Also warb die Kurz-Truppe mit einem „neuen Stil“ und mit „Sparen im System“ und anderen Slogans, die die Leute hören wollten. Um dann noch brutaler als die Vorgänger zum eigenen Vorteil zuzugreifen. Die bereits beschriebenen Schwächen der Republik Österreich haben sie für sich ausgenutzt, anstatt sie zu beenden. Schlimm dabei war, dass auch der Begriff Familie ins Gegenteil verkehrt oder sogar ins Mafiöse pervertiert wurde. Familie waren nicht diejenigen, für die man Verantwortung trägt, sondern diejenigen, die sich unterwarfen, keinen Respekt vor dem Eigentum oder dem Ansehen anderer hatten und dafür belohnt wurden. Was die inhaltlichen Anliegen von Kurz und den Seinen waren, in die Politik zu gehen, ist bis heute nicht klar.

Die Gründe, sich politisch zu betätigen, können sehr unterschiedlich sein. Auf Gemeindeebene ist das Engagement oft ehrenamtlich, da spielt persönliche Betroffenheit, etwa durch Missstände, eine Rolle. Dann gibt es die Berufsvertretungen, von der Gewerkschaft bis zu den Kammern, in die Frauen und Männer in politische Funktionen oft ganz natürlich hineinwachsen. Mich hat Politik an der Universität fasziniert. Im Jahr 1975 hatte die SPÖ-Alleinregierung das Universitätsorganisationsgesetz beschlossen, das unter anderem die Mitbestimmung der Student*innen und des akademischen Mittelbaus brachte, federführend war Wissenschaftsministerin Hertha Firnberg. Das Gesetz war sehr umstritten, insbesondere in der Professorenschaft, wobei die Idee schon im Jahr 1969 erstmals umgesetzt wurde. Der damalige Unterrichtsminister Alois Mock (ÖVP) hatte die Drittelparität in den Studienkommissionen eingeführt. Meine Studentengeneration war die erste, die in allen Gremien mitreden und mitentscheiden durfte, als Vorsitzender der Hochschülerschaft an der Universität Wien war das für mich und viele andere ein demokratisches Erlebnis, das wir sehr ernst genommen haben. Kein Wunder, dass viele Funktionär*innen anschließend vom „Sandkasten“ der ÖH, wie es manchmal despektierlich hieß, in die „richtige“ Politik wollten – und dort merkten, dass der Sandkasten nur etwas größer und sicher viel tiefer ist.

Auslands- und Studienaufenthalte in Bologna, den USA, Brüssel und Lissabon haben mich dazu gebracht, dass ich lieber als Reporter die Welt als in der Politik den Nabel schauen wollte, aber es ist sehr verständlich, dass junge Leute mit ersten politischen Erfahrungen das zu ihrem Beruf machen wollen. Und hier ist das Dilemma: Wenn wir Max Weber folgen, dann ist Politik ein Beruf, den man erlernen muss. Aber: Jemand, der sonst nichts kann, ist auf die Politik als Erwerbsgrundlage angewiesen, damit aber auch abhängig, und zwar von der eigenen Partei, von Strömungen oder gar Strippenziehern der Partei. Ein Leben in der Politik, von der Jugendorganisation bis zur Pensionistenorganisation, haben früher einige geschafft, in der schnelllebigen heutigen Zeit ist das kaum noch vorstellbar.

Der frühere deutsche Bundeskanzler Helmut Schmidt (1974–1982) hat sich intensiv mit der Frage „Politik als Beruf“ auseinandersetzt. Er selbst hat nach seiner Zeit in der Wehrmacht das Studium der Volkswirtschaft absolviert und in der Hamburger Behörde für Wirtschaft und Verkehr gelernt, wie die Verwaltung funktioniert. Einen Namen machte er sich im Jahr 1962 als Krisenmanager bei der Sturmflut, wo er als Senator erfolgreich alle Behörden koordinierte. Als Bundeskanzler erlebte er seine schwierigsten Stunden während des Terrors der „Rote Armee Fraktion", vor allem im Herbst 1977, als Arbeitgeberpräsident Hanns Martin Schleyer entführt und ermordet wurde. Schmidt in einem Interview im Jahr 2011 in der Wochenzeitung *Die Zeit,* deren Herausgeber er auch war, in seiner stets direkten Art, die als „Schmidt-Schnauze" beschrieben wurde: „Jemand, der in die Politik geht, ohne einen Beruf zu haben, kann mir gestohlen bleiben. Ich kenne leider mehr als genug von denen." Man müsse die Chance haben, in einen früheren Beruf zurückzukehren, außerdem könne man von dort auch Sachkenntnis beziehen. Über deutsche Abgeordnete sagte er: „Fleißig sind sie. Aber ihre Kenntnisse der Geschichte sind nicht ganz ausreichend." Schmidt sah im deutschen Kanzler den CEO des Staates, also den Vorstandsvorsitzenden, der mit Sachverstand gut vorbereitete Entscheidungen treffen und dabei auch längerfristig denken müsse. Aber hier muss sofort ein Einwand kommen: CEOs entscheiden nicht selten danach, was im nächsten Quartalsbericht der Börse gefallen wird. Besser würde das Bild von der Leitung eines Familienbetriebs passen, die bereits an die nächste Generation denkt.

Dazu gehört es auch, unangenehme Wahrheiten auszusprechen. Dafür gibt es nur wenige Beispiele in der österreichischen Politik. Thomas Starlinger, der Verteidigungsminister der Übergangsregierung Bierlein, formulierte im Juni 2019 in seiner ersten Pressekonferenz: „Die Vorratskammer ist leer, im Herbst zeichnet sich eine Dramatik ab." Denn: Im kommenden Jahr stehe man vor der Pleite. Hat ihm diese Ehrlichkeit geschadet? Einerseits nein, weil er für seine Offenheit geachtet wurde. Andererseits ja, weil Sebastian Kurz nach der Wahl im Herbst 2019 nicht ihn, sondern die in Fragen der Landesverteidigung unerfahrene Bauernbündlerin Klaudia Tanner zur Verteidigungsministerin gemacht hat. Max Weber hätte zu einer anderen Entscheidung geraten, aus Gesinnungsethik und aus Verantwortungsethik. Das muss kein Widerspruch sein.

Bei Sebastian Kurz hat man sich immer gefragt, warum er Politiker geworden ist. Große ideologische oder gesellschaftspolitische Pläne wurden nie bekannt. Als Staatssekretär für Integration ab 2011 vermittelte er den Eindruck, dass er menschliche Lösungen für Flüchtlinge suchen würde, als Außenminister 2015 verstärkte er nur die öffentliche Stimmung, die immer kritischer gegenüber den Zuwanderern wurde. Die ständigen Umfragen wurden Programm und Handlungsanweisung. Aber warum haben sich erwachsene Menschen diesem Blender noch am Ende verpflichtet gefühlt? Alle Regierungsmitglieder der ÖVP unterzeichneten noch am 7. Oktober 2021 eine Erklärung, wonach es für sie „eine ÖVP-Beteiligung an dieser Bundesregierung ausschließlich mit Sebastian Kurz an der Spitze geben wird". Zwei Tage später machte dieser einen Schritt zur Seite, Schallenberg wurde Bundeskanzler und alle anderen blieben im Amt. Wer soll solchen Politiker*innen noch etwas glauben? Noch peinlicher ist die Geschichte mit den Adventkränzen. Am ersten Adventsonntag verbreiteten einige Regierungsmitglieder Fotos, wo sie türkise (!) Kerzen auf einem Adventkranz anzündeten, Wirtschaftsministerin Schramböck war noch dazu in einem türkisen Sakko zu sehen. Nach dem Rücktritt von Kurz tauchten dann Fotos mit gelben Kerzen auf, und das türkise Sakko war offenbar schon bei der Altkleidersammlung abgegeben. Warum lassen Menschen in der Politik so etwas mit sich machen?

Traurig stimmte auch ein Bericht im *profil,* wo Mitglieder der Jungen ÖVP ihre Begeisterung für Kurz betonten. Nur einer äußerte sich kritisch: „Kurz hat mich einmal sehr beeindruckt, aber es scheint sich um mehr Schein als Sein zu handeln. Es war enttäuschend herauszufinden, wie wenig hinter diesem Wunderkind wirklich steckt." Der junge Mann aus der Steiermark wollte seinen Namen nicht gedruckt sehen, er „befürchtet, dass sich Kritik an der Partei negativ auf seine berufliche Zukunft auswirken könnte", wie es im *profil* hieß. Auch das ist Österreich. Angst vor Mächtigen wird schon früh gelehrt und praktiziert.

Kurz glaubte weniger an Menschen, sondern vor allem an Umfragen. Deshalb wurde vor Entscheidungen intern immer darüber diskutiert, was „bei den Menschen gut ankommt", und nie, was für das Land richtig ist. Es ist originell, dass gerade er, der aufmerksamste und gläubigste Beobachter von Umfragen, genau über dieses Element ebenso moderner wie schlechter Staatsführung gestolpert ist. Demokratie funktioniert als „Macht des Volkes" nur, wenn wir zwischen den notwendigen Regeln und der Rücksichtnahme innerhalb einer Gesellschaft einerseits und dem Bedürfnis nach Freiheit des Einzelnen andererseits einen Ausgleich finden.

FREIHEIT UND EIGENVERANTWORTUNG SIND ZENTRALE WERTE DER DEMOKRATIE

Freiheit – plötzlich tauchte dieser Begriff während der Pandemie auf, in Österreich, wo Freiheit eher selten zu den begehrten Gütern gehört. Aber leider nur in negativer Konnotation: Es wurde die Freiheit verlangt, sich nicht impfen zu lassen, weil man ja wohl das Recht hätte, über den eigenen Körper zu bestimmen. Und schon waren wir in einer Klemme: Wenn Zeugen Jehovas eine Bluttransfusion verweigern, muss das die Medizin akzeptieren. Aber die Impfung schützt ja nicht nur Einzelne, sondern die Gesellschaft, wenn die Übertragung des Virus reduziert wird. Seit den griechischen Philosophen machen sich die Menschen Gedanken über den freien Willen. Dass dieser durch Genetik, Erziehung und Erfahrung eingeschränkt ist, dürfte wohl unbestritten sein. Komplizierter ist die Frage, wann und wie der Staat unsere Freiheit einschränken darf. Das Ziel müsste die Freiheit für alle sein, aber das geht nicht so einfach. Das Rauchverbot in Lokalen hat die Freiheit derjenigen geschützt, die nicht rauchen. Raucher*innen mussten akzeptieren, dass ihre Freiheit eingeschränkt wird. Bei der Gurtpflicht im Auto war das schwieriger, da hat der Staat Einzelne gegen ihren Willen geschützt, aber die Sozialversicherung für alle durch weniger Verletzungen entlastet. Bei der Ablehnung der Impfpflicht will eine Minderheit eine Freiheit, die die Freiheit der ganzen Gesellschaft in Frage stellt. Wir müssen damit leben, dass unsere persönliche Freiheit permanent eingeschränkt wird. Aber wir sollten uns als Gesellschaft die Freiheit als Ziel setzen, und deren Einschränkung muss begründet werden.

Vieles am politischen System in Demokratien wird inzwischen in Frage gestellt, nicht nur in Österreich. In vielen Bereichen werden Reformen angemahnt. Auch in anderen Ländern wird über den Ausbau der direkten Demokratie gesprochen und dabei auf die Schweiz verwiesen. Dort hat die regelmäßige Befragung des Volkes durch Volksabstimmungen freilich eine Tradition, die auf die Anfänge der Eidgenossenschaft im 13. Jahrhundert zurückgeht und die seit dem 19. Jahrhundert in der Verfassung steht.

In Österreich gab es im Frühjahr 2013 ein Volksbegehren „Demokratie jetzt", das mehr Beteiligung der Bevölkerung durch direkte Demokratie und ein stärkeres Persönlichkeitswahlrecht forderte. Der Präsident des Verfassungsgerichtshofs, Gerhart Holzinger, unterstützte im April 2013 in einem *KURIER*-Interview diese Ideen: „Beide Kern-Forderungen des Volksbegehrens – die Stärkung der Persönlichkeitswahl und der Ausbau der direkten Demokratie – sind höchst notwendig. Österreich braucht dringend einen Demokratisierungsschub. Die Verdrossenheit ist hoch, die Menschen identifizieren sich ganz offensichtlich nur noch unzureichend mit dem politischen System." Holzinger sprach noch fast prophetisch: „Protestbewegungen genießen besonderen Zulauf, auch in meinem Bekannten und Freundeskreis begegnen mir viele, die sagen: Ich weiß nicht, wen ich wählen soll. Der demokratische Wettbewerb der Ideen und Programme fehlt einfach." Die Begeisterung des Wahlvolks für mehr direkte Demokratie aber hielt sich in Grenzen. Gerade 69.740 Stimmberechtigte unterzeichneten die Petition, das reichte nur für Rang 52 unter den 57 Volksbegehren der Zweiten Republik. Gerhart Holzinger sprach in dem *KURIER*-Interview aber ein weiteres Thema an, das uns heute noch beschäftigt und rund um das System Kurz neue Aufmerksamkeit erhielt: „Flankierend heißt das, sich bei den Wahlkampfkosten Neues zu überlegen. Die Frage, ob man gewählt wird, darf keine Frage der finanziellen Mittel sein. Es muss Chancengleichheit herrschen." Holzinger ahnte wohl Böses, da der Missbrauch von Steuergeld für politische Parteien zur Geschichte der Zweiten Republik gehört. Was er nicht wissen konnte, war, wie ungeniert die „Liste Sebastian Kurz – die neue Volkspartei (ÖVP)" im Herbst 2017 die erlaubten Wahlkampfkosten überziehen und statt der erlaubten 7 Millionen fast doppelt so viel, nämlich 13 Millionen Euro, ausgeben würde. Man spricht seither mit Grund von der „gekauften Wahl". Die Strafe von 800.000 Euro war geradezu lächerlich und konnte locker mit den abundanten Spenden beglichen werden, wobei die Spender*innen kaum wollten, dass mit ihrem Geld Strafen bezahlt werden.

Seit die repräsentative Demokratie immer öfter in Frage gestellt wird, kommen aus der Politikwissenschaft alternative Ideen, die man auch als Ergänzung sehen kann. Hélène Landemore unterrichtet nicht nur an der Yale University, sondern berät auch europäische Regierungen und das Europäische Parlament in Fragen der Bürgerbeteiligung. In einem Essay im Magazin *Foreign Policy* im Dezember 2021 schreibt sie, dass das Wort Demokratie, aus dem Griechischen kommend, oft falsch verstanden werde. Die Demokratie, wie sie auch die amerikanischen Verfassungsväter vorgesehen haben, hat nicht die „Macht des Volkes", wie es wörtlich heißt, begründet, sondern vielmehr die Macht einer Elite, die gewählt wird: „Die repräsentative Regierung hat historisch die Idee der *Zustimmung* des Volkes zur Ausübung von Macht gewollt, nicht die *Ausübung von Macht* durch das Volk."

Die Einbindung des Volkes kann sich Landemore durch eine parlamentarische Kammer vorstellen, wo die Teilnehmer*innen zufällig ausgewählt werden, durch eine Art Bürger*innen-Lotterie. Den Mitgliedern dieser Einrichtung müssten juristische Berater*innen und andere Expert*innen zur Seite gestellt werden, wie das heute ja auch die gewählten Abgeordneten haben. Die Idee ist nicht ganz neu und wurde schon öfter diskutiert. Auch Frank Stronach hat bei seinem kurzen Ausflug in die österreichische Politik davon gesprochen. Dabei wird immer das System der Schöffen und Geschworenen zitiert, die immerhin juristische Entscheidungen – in den USA sogar über Leben und Tod – treffen. Die Politologin verweist auf zwei Beispiele: Ost-Belgien, wo es seit 2019 einen permanenten Bürgerrat gibt, und Paris, wo 100 Bürger*innen einen städtischen Rat bilden. Die Idee, zufällig ausgewählte Gremien beizuziehen, sollte zumindest auf regionaler Ebene ausprobiert werden.

Die für das Klima zuständige Bundesministerin Leonore Gewessler hat einen Versuch gestartet – den „Klimarat für Bürgerinnen und Bürger", für den es eine Entschließung des Nationalrats gab. Gewessler sieht da sogar eine Art „Mini-Österreich", weil die Mitglieder einen Querschnitt der Bevölkerung darstellen sollen. Begleitet von einem wissenschaftlichen Beirat haben sie über sinnvolle Maßnahmen zum Klimaschutz beraten und rund 90 Empfehlungen abgegeben. Da die Bevölkerung bei vielen, auch unpopulären Maßnahmen mitgenommen werden muss, kann das schon ein sinnvoller Versuch sein. Wenn die Politik dann auch unpopuläre Ideen umsetzt. Im Zuge der Teuerung hat die Regierung aber zunächst eher auf gut klingende Maßnahmen gesetzt als auf zielgerichtete Hilfe für diejenigen, die am meisten betroffen sind. Und vom Klimarat hat die Öffentlichkeit zunächst auch nur erfahren, weil viel Geld für Public Relations eingeplant wurde.

Die Autorität öffentlicher Institutionen nimmt deutlich ab, weil das Vertrauen in diese sinkt. Die Pandemie hat diesen Trend noch verstärkt. Die Regierung hat durch eine Mischung aus Egoismus, Show und Zögerlichkeit dazu beigetragen. Die Wissenschaft hat großartige Leistungen vollbracht und in kurzer Zeit Impfungen und Medikamente entwickelt. Nach anfänglicher Begeisterung hat die öffentliche Akzeptanz der Leistung der Forschung gelitten, weil auch hier die Kommunikation versagt hat.

Noch etwas konnten wir beobachten: Die Erwartungshaltung, dass der Staat alle Probleme seiner Bürger*innen lösen kann, hat nach Jahren reduzierter Staatsgläubigkeit wieder stark zugenommen. Und der Staat hat diese Erwartung zunächst auch erfüllt: durch die Organisation von Masken und Impfstoff oder durch die finanzielle Unterstützung der Betriebe, die geschlossen werden mussten. Gleichzeitig haben die Notenbanken weltweit für schnelles und billiges Geld gesorgt. Hier zeigte sich die Problematik schnell: Die durch das flott gedruckte Geld erzeugte Inflation trifft die Ärmsten besonders, weil sie die Inflation im Alltag am stärksten spüren. Hingegen haben Wohlhabende, die geschickt in Immobilien und Aktien investierten, von der ungebremsten Wertsteigerung profitiert. Die Antwort der Linken heißt im Zweifel immer: noch mehr Staat, aber das hört man auch aus der ÖVP. Bundeskanzler Nehammer dachte Anfang Mai 2022 laut darüber nach, dass der Staat Gewinne von Unternehmen mit Beteiligung des Staates abschöpfen solle, die von der Energiekrise profitieren: „Zufallsgewinne bei Unternehmen mit staatlicher Beteiligung gehören dem Volk." Aktionär*innen fanden das nicht lustig, die Aktie des Verbundkonzerns fiel am ersten Tag um 13 Prozent, was den Börsenwert um über 4 Milliarden Euro reduzierte, in den nächsten Tagen ging der Abwärtstrend weiter. Vor allem internationale Fonds haben wohl jedes Vertrauen in Österreich verloren. Dabei hat Nehammer nur fortgesetzt, was Johanna Mikl-Leitner im Jänner 2012 bei ihrer Wahl zur Chefin des ÖAAB ins Publikum gerufen hatte: „Her mit den Millionen, her mit dem Zaster, her mit der Marie." Anschließend polemisierte sie noch gegen „Börsenspekulanten". Die Liberalen wollen eher den Staat zurückdrängen, vor allem aber wollen sie, dass offengelegt wird, wofür der Staat Geld ausgibt. Psychologisch tun sich da diejenigen leichter, die auf die fürsorgliche Kraft des Staates vertrauen, erst recht in Österreich oder Deutschland, wo die Parteien traditionell Geld verteilen wollen, weil das zur Popularität beiträgt.

Der Einfluss des Staates auf die Wirtschaft in Österreich war immer wieder fatal. Bruno Kreisky machten „ein paar Milliarden mehr Schulden weniger schlaflose Nächte als ein paar hunderttausend Arbeitslose mehr." Am Ende der verstaatlichten Industrie hatten wir beides, Schulden und Arbeitslose. Der Manager Hugo Michael Sekyra vor aufgebrachten Stahlarbeitern im Februar 1986 in Kapfenberg: „Wir sind pleite, verstehen Sie, wir sind pleite." Aus verstaatlichten Betrieben wurden durchaus erfolgreiche Konzerne, die an die Börse gingen und wo die Republik nur mehr eine Minderheit hält oder eine knappe Mehrheit, wie bei der Österreichischen Post. Aber jede Regierung versuchte weiter, über Personalentscheidungen Einfluss auf die Unternehmen auszuüben. Und die ÖVP macht weiter, als wäre nichts geschehen. Mit einem für die Gemeinschaft verheerenden Effekt: Gute Manager*innen bewerben sich gar nicht mehr bei staatsnahen Unternehmen, weil sie der Peinlichkeit der geschobenen Auswahlverfahren entgehen wollen. Im Ibiza-Ausschuss wurde klar, dass Ausschreibungen für Posten reine Show waren. Vor allem aber hat die ehemalige Wirtschaftspartei ÖVP überhaupt kein Programm dafür, wie man Gründungen von Unternehmen fördert oder die Wiener Börse stärkt. Eigeninitiative und Unternehmergeist werden aber Grundlage für künftigen Wohlstand sein, und für die Finanzierung des Sozialstaats.

Wirtschaft und Sozialstaat: Wie so oft ist wohl der Weg der Mitte richtig: William Henry Beveridge war Mitglied der liberalen Fraktion des britischen Parlaments in den 1940er-Jahren, davor war er Chef der London School of Economics. Er schrieb 1945 unter der Überschrift *Warum ich ein Liberaler bin*: „Freiheit bedeutet mehr als Freiheit von der willkürlichen Macht der Regierung. Es bedeutet auch Freiheit von der ökonomischen Knechtschaft von Mangel und Elend und anderen sozialen Übeln … Ein hungernder Mann ist nicht frei." Für einen Liberalen der 1940er-Jahre war das ein erstaunliches Bekenntnis. Beveridge entwarf auch ein Gesundheitssystem, das aus Steuern finanziert wurde und einen medizinischen Mindestbedarf für alle Bevölkerungsgruppen zur Verfügung stellen sollte. Liberalismus bedeutet also nicht, dass alle Menschen einfach ihrem Schicksal überlassen sein sollten. Genau das wird aber in der politischen Debatte heute dem „Neo-Liberalismus“ unterstellt, sobald von Eigenverantwortung die Rede ist. Der Ungleichheit, die wir auch in unseren Wohlstandsgesellschaften sehen, begegnen wir am besten, wenn diejenigen, die stark sind, gefordert werden, und diejenigen, die mit dem Tempo der digitalen Leistungsgesellschaft nicht mitkommen, unterstützt werden. Beveridge würde das genauso sehen.

Voraussetzung für ein aktives und selbstbestimmtes Leben in dieser komplexen Welt sind die Chancen auf Bildung und der Wille zur permanenten Weiterbildung. Hier sind wir gerade in Österreich zu langsam und zu wenig ehrgeizig. Meine Erfahrung mit Schüler*innen ist, dass da ein gewaltiges Potenzial schlummert, das aber nicht freigesetzt wird, weil unser Schulsystem im letzten Jahrtausend feststeckt. Viele Lehrer*innen bemühen sich, werden aber von überkommenen Strukturen behindert. Wir müssen allen Kindern die gleichen Chancen geben. Endlich! Bei uns aber wird Bildung noch immer vererbt, weil Eltern, die selbst alle Möglichkeiten hatten, ihren Kindern dieselben bieten wollen. Das ist ja wunderbar. Aber Kinder, die möglicherweise genauso intelligent sind, aber nicht dieselbe Förderung wie andere haben, sind benachteiligt. Da helfen nur verschränkte Ganztagsschulen. Das Gerede, dass die Kinder dann nicht mehr zur Blasmusik oder in den Tanzkurs kommen, ist falsch. Diese Angebote kann und soll es nach 17 Uhr geben. Es ist weltweit erwiesen, dass nur Ganztagsschulen die ungerechten Bildungschancen reduzieren und für breitere Bildung sorgen können. Aus den Schmid-Chats wissen wir ja auch, dass die Regierung Kern/Mitterlehner 1,2 Milliarden Euro für Nachmittagsbetreuung zur Verfügung stellen wollte. Kurz gönnte dieser Regierung keinen Erfolg und fragte Schmid: „Kann ich ein Bundesland aufhetzen?"

Wenn wir endlich eine Bildungsdebatte ohne ideologische und machtpolitische Einschränkungen und ohne sofortige Interessen der Lehrergewerkschaft schafften, wären wir um viele Schritte weiter. Im Sinne der Kinder und der Gesellschaft, die so viele vorhandene Talente nicht nutzt. Und: Wirkliche Freiheit gibt es nur mit Bildung, in der digitalen Gesellschaft gilt das erst recht.

Einen großen Unterschied gibt es zwischen Liberalismus und Libertarismus. In den USA traten Libertäre ab den 1950er-Jahren als Gegenmodell zu „Liberals" auf, denen man zu viele sozialdemokratische Ideen unterstellte. Ein bekannter Vertreter libertärer Ideologie ist der Silicon Valley Investor Peter Thiel. Er will einen Staat, der nur für die persönliche Sicherheit sorgt, aber keine soziale Fürsorge betreibt. Dabei ist es gerade Peter Thiel, der sein Milliardenvermögen auf Steuergeld aufgebaut hat. Denn eines seiner Unternehmen, der Datensammler Palantir, wurde durch Aufträge des Verteidigungsministeriums groß. Und Thiel lehnt Wettbewerb ab: „Wettbewerb ist für Verlierer", „Monopole sind die Bedingung für jedes erfolgreiche Business." Der Politikwissenschafter David Runciman hat in einem Artikel, der in der Dezemberausgabe des Magazins *Merkur* auf Deutsch erschien, die Philosophie Thiels und der Libertären zusammengefasst. Solche Ideen sind weit weg von der europäischen Tradition des Sozialstaats. Thiel gibt es ja zu: Die Weltkonzerne des Silicon Valley, die auf das Sammeln von Daten ausgerichtet sind, ob Facebook oder Palantir, wollen um jeden Preis Monopole bilden. Da sind wir in Europa bisher nur

Zuseher, die sich noch dazu durch Steuergeschenke an einzelne EU-Länder spalten ließen. Wenn wir Freiheit wollen, dann müssen wir für Wettbewerb und gegen Monopole kämpfen, mit der Macht von 450 Millionen EU-Einwohner*innen. Aber auch hier gilt: Den Kampf gegen Monopole kann nur die EU-Kommission als Vertreterin aller EU-Staaten führen, ein einzelner hätte keine Chance.

Zurück zur Impfpflicht. Passt sie zur Freiheit des Menschen? In einer Gesellschaft, in der offen diskutiert wird, wäre das möglich, weil die Freiheit des Einzelnen durch die Pandemie eingeschränkt wird und durch eine Impfung wiederhergestellt werden könnte. Aber zu dem Zeitpunkt, wo in Österreich die Diskussion begann, war schon zu viel schiefgelaufen. Auch hier haben Show und Marketing kurzfristig funktioniert, aber langfristig das Vertrauen in Anweisungen des Staates zerstört. So kann auch eine Impfpflicht die gewünschte Wirkung einer hohen Durchimpfung nicht erreichen. Die Jungen haben unter der Corona- und der Show-Politik leider am meisten gelitten, aber sie sind auch mit vielen anderen Benachteiligungen konfrontiert.

WIR FINDEN EINEN AUSGLEICH ZWISCHEN JUNG UND ALT

Noch knapp vor der Pandemie hat Lukas Sustala, Jahrgang 1986, ein Buch für die junge Generation geschrieben: „Zu spät zur Party". Der Titel sagt schon alles: Die Generationen nach dem Krieg konnten noch die Feste der zunehmenden Möglichkeiten und des wachsenden Wohlstands feiern, den Jungen gehört nur mehr „der Rest vom Fest", wie es auf der Rückseite des Buches heißt. Wir blicken auf ökonomische Veränderungen, vor allem aber auch auf Zerstörungen der Umwelt, die die Älteren noch für die jüngere Generation stoppen müssen.

Die Zeit nach dem Zweiten Weltkrieg war in Europa eine einzige Wachstumsstory. Zunächst im Westen, unterbrochen nur kurz vom Ölschock des Jahres 1973. Mit dem Fall der Berliner Mauer und des Eisernen Vorhangs ging das Wachstum erst recht weiter, auch in den Staaten Mittel- und Osteuropas, am Westbalkan haben die Zerfallskriege Jugoslawiens ab 1991 den Prozess verzögert. Der Angriff auf das World Trade Center am 11. September 2001 brachte den Börsen eine empfindliche Delle, viele Technologieunternehmen an der Frankfurter Börse, die am „Neuen Markt" notierten, gingen unter. Aber dann ging die Börsenparty nach drei Jahren weiter, bis zum 15. September 2008 mit der Pleite der Bank Lehman Brothers. Der deutsche Aktienindex DAX halbierte sich vom Höchststand des Jahres 2007 auf nur mehr 4.127 Punkte Ende 2008. Ende 2021 liegt der DAX bei knapp 16.000 Punkten. Das zeigt, wie sehr sich die Börse vom Leben normaler Menschen entfernt hat, denn nur die wenigsten verdienen heute viermal so viel wie vor 13 Jahren. Die Pandemie hat auch hier ihre Spuren hinterlassen. Die Flutung mit billigem Geld hat den Staaten die Chance gegeben, die Wirtschaft in Gang und die Arbeitslosigkeit niedrig zu halten. Aber gerade auch die Investoren haben massiv profitiert. Stürzte der DAX im Jahr 2020 auf 8.441 Zähler, lag er Ende 2021 wieder fast doppelt so hoch. Der Krieg Russlands in der Ukraine und die deutliche Steigerung der Energiepreise und in der Folge der Produktionskosten haben den Börsen wieder einen Dämpfer gegeben.

Nun spielt sich das Leben der meisten jungen Menschen weit weg von Börsen und Aktienindizes ab, für sie geht es um Ausbildung, Jobs und Wohnen. Bei der Ausbildung ist Österreich noch immer nicht unter den führenden Staaten, Jobs sind nicht mehr so sicher wie früher und die Kosten für Wohnen, egal ob Eigentum oder Miete, sind massiv gestiegen. Die Kosten für Eigentumswohnungen steigen nicht nur in Wien unvermindert weiter, sondern auch in einigen Landeshauptstädten sowie populären ländlichen Gebieten. Seit 2005 sind die Immobilienpreise um 240 Prozent gestiegen, das verfügbare Haushaltseinkommen aber nur um 29 Prozent. Ein Haus kostet heute im Schnitt um 50 Prozent mehr als vor fünf Jahren, alleine im Jahr 2021 stiegen die Hauspreise um 13,4 Prozent, wie der Immobilienvermittler Remax ermittelte. „Eigentum bilden" klingt ebenso schön wie unrealistisch, gebildetes Vermögen vererben ist da schon lebensnäher.

Man könnte davon ausgehen, dass die jüngste Regierung, die Österreich je hatte, besonders viel für junge Menschen getan hätte. Das ist aber ebenso falsch wie – leider – logisch zu begründen. Denn Kurz und Co. schauten schon vor der Übernahme der ÖVP vor allem auf Umfragen und auf Wahlchancen, danach erst recht. Und da genügt ein Blick auf jenes Modell, das früher einmal als Bevölkerungspyramide bekannt war, wo die Mehrheit der Wähler*innen angesiedelt ist: im Bauch des Gebildes und darüber, also bei den mittleren bis älteren Kohorten. In meinem Geburtsjahr 1955 stimmte die Pyramide noch, mit zwei Ausnahmen: Die Jahrgänge 1916 bis 1920 waren durch den Krieg stark dezimiert, dafür wurden in den Kriegsjahren 1940 bis 1944 mehr Kinder als 1955 geboren. Heute aber ist die Basis der Pyramide recht schmal geworden, der Bauch der starken Geburtenjahrgänge liegt nun weiter oben, bei den zwischen 1959 und 1979 geborenen. Knapp 1,8 Millionen Menschen sind über 65 Jahre alt, ebenso viele unter 20. Diese Zahl wird in den nächsten Jahren stagnieren, während wir laut Statistik Austria in zehn Jahren 2,2 Millionen Menschen über 65 Jahren haben werden, weil die „Babyboomer" in Pension gehen. (Quelle: Statistik Austria)

Es sind jetzt schon die Älteren, die eine Wahl entscheiden, weil sie die größere Gruppe der Bevölkerung stellen und weil sie verlässlicher zur Wahl gehen. Dieser Trend wird sich verstärken. Sebastian Kurz hat die Pensionist*innen bei der Wahl 2019 erfolgreich angesprochen, die Mehrheit von ihnen entschied sich für die ÖVP. Und ausnahmsweise zeigte sich Kurz dankbar: Von einer Pensionsreform, die er früher einmal versprochen hat, wollte er nichts mehr wissen. Also wird der Zuschuss des Budgets zu den Pensionen weiter steigen. Eine Diskussion, was die Konsequenzen der steigenden Lebenserwartung sein könnte, ist in Österreich einfach nicht zu schaffen, weil sofort eine Neiddebatte beginnt. Man wolle den Pensionist*innen etwas wegnehmen. Dabei wären die von einer Pensionsreform, die den Eintritt in den Ruhestand nach hinten schiebt, ohnehin nicht betroffen. Außerdem geht es darum, wie auch über 65-Jährige sinnvoll aktiv sein könnten. Ich verstehe ja, dass Männer nach 45 Jahren am Bau oder Frauen nach langer Zeit in der Pflege nicht mehr körperlich arbeiten können. Aber niemand kann mir erklären, warum zum Beispiel 65-jährige Richter*innen ihr Wissen und ihren Erfahrungsschatz nicht mehr aktiv einsetzen sollen. Eine neue Studie der Universität von Fribourg von Ann Barbara Bauer und Reiner Eichenberger kommt sogar zu dem Ergebnis, dass ein früheres Pensionsalter dazu führt, dass Menschen öfter krank werden.

Dass ihre Pension nicht so sicher ist, wie man sie heutigen Rentner*innen verspricht, ist vielen jungen Leuten klar. Aber sie werden weiter Beiträge für die Pensionsversicherung zahlen müssen, wahrscheinlich steigende. Zusätzlich leiden sie viel stärker unter den Wohnungspreisen, denn diese sind zwischen 1986 und 2016 schneller gestiegen als die Einkommen. Nach einem Bericht der OECD aus dem Jahr 2019 musste man 1985 in den großen Städten der Industrieländer Europas sieben Jahre für eine 60-Quadratmeter-Wohnung arbeiten, 20 Jahre später bereits über zehn Jahre.

Bei den Wohnpreisen sind wir mitten im großen Thema Mittelschicht. Die Bertelsmann Stiftung hat dieser Gruppe gemeinsam mit der OECD eine Studie gewidmet, und zwar mit folgender Frage: „Bröckelt die Mittelschicht?“ Die Antwort in einem Wort: Ja. Die Studie geht von einer auf Einkommen basierten

Definition aus: Zur Mittelschicht gehört, wer über 75 bis 200 Prozent des mittleren Einkommens eines Landes verfügt. Diese Spanne entsprach in Deutschland im Jahr 2018 einem monatlich verfügbaren Einkommen von 1.500 bis 4.000 Euro bei Einzelpersonen und 3.000 bis 8.000 Euro bei einem Paar mit zwei Kindern, wie die Studie schreibt. Dazu gehören in Deutschland 64 Prozent der Bevölkerung, während 28 Prozent darunter liegen, also arm oder armutsgefährdet sind. 7 Prozent beziehen hohe Einkommen. Die Zahlen für Österreich sind ganz ähnlich: 66 Prozent gehören zur Mittelschicht, 28 Prozent sind arm oder armutsgefährdet, während 6 Prozent über hohe Einkommen verfügen. Wir liegen damit im Durchschnitt der OECD-Staaten. Eine Studie der Österreichischen Akademie der Wissenschaften und der TU Wien aus dem Dezember 2021 zeigt, dass die Einkommen junger Menschen (20- bis 39-Jährige) seit dem Krisenjahr 2008 stagnieren, während die Einkommen Älterer gestiegen sind. Die stark gestiegenen Immobilienpreise haben den Vermögensaufbau gerade für diese Altersgruppe, in der Familien gegründet werden, schwerer gemacht.

So weit die Zahlen. Besorgniserregend dabei sind sowohl die Entwicklung der letzten Jahre als auch die Aussicht auf die Zukunft. Denn in Deutschland ist der Anteil der Mittelschicht zwischen 1995 und heute von 74 auf 64 Prozent gesunken, und zwar überwiegend in den ersten zehn Jahren dieses Zeitraums. Junge Menschen sind davon überdurchschnittlich betroffen. Gleichzeitig ist auch die Chance, in die Mittelschicht aufzusteigen, gesunken, während die Abstiegsängste eher zunehmen. In Österreich ist das ähnlich.

Die Studie enthält auch einige Handlungsoptionen für die Politik. Wenig überraschend wird das Thema Bildung, Ausbildung und Erwachsenenbildung angesprochen. Digitalisierung und Dekarbonisierung, besser Defossilisierung tragen dazu bei, dass Berufe mit geringen Kenntnissen wegfallen, während Innovationen permanente Weiterbildung verlangen. Das alles ist nicht neu und man fragt sich nur, warum die Politik so träge oder gar unwillig reagiert. Die österreichischen Schulen sind so aufgestellt, dass jeder Ältere sich dort sofort zurechtfinden würde, weil sich in den letzten Jahrzehnten wenig geändert hat. Die Durchlässigkeit in der Gesellschaft scheitert vor allem an diesem starren System, wo sich Konservative über Gymnasien freuen, die für viele begabte junge Leute aber nicht erreichbar sind, weil sie in der Volksschule nicht ausreichend gefördert wurden oder weil deren Eltern der Ehrgeiz oder das Bewusstsein für die Notwendigkeit einer optimalen Schulbildung fehlt.

Der größte Rucksack, den die Älteren hinterlassen, ist eine zerstörte Umwelt und die Erderwärmung, die trotz internationaler Abkommen noch nicht gestoppt ist. Das Wachstum ohne Rücksichtnahme auf die Umwelt und auf die Kosten der Zerstörung muss endgültig vorbei sein. Das wird heute fast überall auf der Erde zumindest theoretisch verstanden – der ignorante brasilianische Präsident Jair Bolsonaro wird sich für sein Verhalten hoffentlich noch verantworten müssen –, aber die Erkenntnis hat trotz vieler Konferenzen noch lange nicht zu den notwendigen Konsequenzen geführt.

Vor 50 Jahren wurde unter dem Titel *World 3* eine Computersimulation erstellt, wie sich das Wachstum von Industrie und Bevölkerung und die steigende Nahrungsmittelproduktion auf das Ökosystem auswirken werden. Der Bericht „Grenzen des Wachstums" sollte Programm für das Verhalten der Menschen werden, wurde es aber nicht. Es muss uns klar sein: Wir brummen die Kosten der Erderwärmung und der Zerstörung der Umwelt den nächsten Generationen auf. Das ist dumm, weil die Kosten größer werden, und das ist verantwortungslos, weil sich die nächsten Generationen nicht wehren können. Echte Kostenwahrheit ist ebenso nötig wie die Veränderung des subjektiven Verhaltens. Das muss von den Älteren ausgehen, das muss die Politik klar sagen.

Aber wir brauchen auch Wachstum, und zwar durch Innovation. Leider sind wir da in Österreich nicht ganz vorne dabei. Der Tiroler Josef Aschbacher ist seit dem 1. März 2022 Chef der Europäischen Weltraumorganisation ESA. In einer Zoom-Schaltung in den Forschungsausschuss hat dieser Spitzenforscher auf beeindruckend einfache Weise unser Problem erklärt. In Österreich gehen viele Entwicklungen schneller als früher, aber in anderen Ländern noch viel schneller. Wir fallen also zurück. Dazu kommt, dass bei uns die Kooperation zwischen Wissenschaft und Unternehmensfinanzierung nicht klappt. Nur ein Beispiel: Der Österreicher Peter Platzer hat Kleinsatelliten mit besonders vielen Sensoren zur Erdbeobachtung entwickelt. Kapital zur Entwicklung gab es nicht, also ging er mit seinem Wissen ins Silicon Valley und mit dem Börsengang an die Wall Street.

Viele Österreicher*innen haben es im Ausland geschafft. Holen wir diejenigen, die dazu bereit sind, zu einem Think Tank nach Österreich. Das ist der einfachere Schritt. Die eigentliche Herausforderung wird es sein, deren Ideen auch umzusetzen. Für die kommenden Generationen. Und auch hier ist Europa ein Teil der Antwort. Das Silicon Valley gäbe es nicht ohne Grundlagenforschung, die von der amerikanischen Regierung finanziert wurde. Mehr von der EU geförderte gemeinsame Forschung ist nötig.

Und die gute Nachricht zum Schluss: Der Rechnungshof, immerhin 260 Jahre alt, will ab dem Jahr 2022 nach vorne schauen und einen Prüfungsschwerpunkt machen: „Next Generation Austria“. Da soll analysiert werden, wie „enkelfit“ unser politisches System ist und ob wir den Jungen mehr als Schulden hinterlassen. Sehr löblich.

ÖSTERREICH BEKENNT SICH ZU EINER SICHERHEITSSTRATEGIE

Der 24. Februar 2022 brachte einen massiven Einschnitt für die ganze Welt, und ganz besonders natürlich für Europa. Die russischen Raketen zerstörten nicht nur Dörfer und Städte der Ukraine, löschten seither nicht nur viele Menschenleben aus, sie zerbombten auch die europäische Friedensordnung. Nach der Auflösung des Warschauer Pakts am 1. Juli 1991 und dem Ende der Sowjetunion am 26. Dezember 1991 hatten so viele Menschen in den zerfallenden kommunistischen Diktaturen die Hoffnung auf ein besseres Leben. In vielen Ländern erfüllten sich diese Hoffnungen. Früher hatte die verordnete Gleichheit geplante Armut und Mangelwirtschaft für alle, die nicht zur Nomenklatura, also zum Establishment der kommunistischen Partei gehörten, gebracht, inzwischen führte die Mitgliedschaft in der EU zu wachsendem Wohlstand. Aber diese jungen Demokratien fühlten sich von einem neuen russischen Imperialismus bedroht, und nicht nur sie. Umgekehrt fühlte sich Putin bedroht, und zwar nicht von Waffen der NATO, die es bis zu seinem Überfall in der Ukraine ja gar nicht gab, sondern weil sich in seinem Land herumsprechen würde, dass Demokratie und Freiheit zu einem Wohlstand führen, den er den Menschen in Russland nicht bieten kann. Denn nach den Jelzin-Jahren eines wilden Klepto-Kapitalismus hatte Putin das Land darauf getrimmt, dass die Superreichen bleiben durften, wenn sie mit ihm teilten und die anderen verfolgt wurden. Seine größte Angst war, dass die Ukraine der EU als einem Bündnis von wohlhabenden Staaten mit breiter Mittelschicht beitreten würde, die angebliche Bedrohung durch die NATO war nur ein Vorwand. Aber nach der Annexion der Krim im Frühjahr 2014 kam der Wunsch nach Beitritt zu EU und NATO in die ukrainische Verfassung, vorerst ohne Chance auf schnelle Umsetzung. Die anderen mittel- und osteuropäischen Länder waren schon zuvor in mehreren Wellen der NATO beigetreten. Nicht, weil die Amerikaner sie gedrängt hätten, sondern weil sie ihre Geschichte und die Waffen des mächtigen Nachbarn kannten. Dann kamen noch einige Lände des Westbalkans dazu. Finnland und Schweden waren bündnisfrei geblieben, aber nach der russischen Invasion war in beiden Ländern sehr schnell klar, wo künftig ihre Sicherheit liegen würde. Beide Länder haben Mitte Mai 2022 nach kurzer interner Debatte ihre Beitrittsanträge bei der NATO eingereicht.

Nach der russischen Aggression und zunehmenden Drohungen aus Moskau gegen ganz Europa stellt sich endlich auch bei uns die Frage, die uns freilich schon früher hätte beschäftigen sollen: Wer schützt Österreich vor möglichen Angriffen? Nach landläufiger Meinung, die auch von der Politik verbreitet wurde, ist es die Neutralität, verbunden mit unserem Bundesheer. Die Neutralität, wohlgemerkt ausgestattet mit effizienter Verteidigungsfähigkeit, steht in einem Verfassungsgesetz vom 26. Oktober 1955, das nur aus zwei Absätzen besteht. Im ersten wird die „immerwährende Neutralität“ festgelegt, die „mit allen zu Gebote stehenden Mitteln“ verteidigt werden müsse. Im zweiten Absatz wird die Neutralität definiert: „Österreich wird zur Sicherung dieser Zwecke in aller Zukunft keinen militärischen Bündnissen beitreten und die Errichtung militärischer Stützpunkte fremder Staaten auf seinem Gebiet nicht zulassen.“ Im Staatsvertrag, den die Außenminister der vier Alliierten und Außenminister Leopold Figl unterzeichneten, ist die Neutralität nicht festgelegt, aber im zuvor unterzeichneten Moskauer Memorandum vom 15. April 1955, wo Mitglieder der Bundesregierung versprachen, eine Neutralität „nach Schweizer Vorbild“ umzusetzen. Das war den Amerikanern wichtig gewesen, weil es eben eine bewaffnete Neutralität sein sollte. Als dann das Bundesheer gegründet wurde, konnte es zunächst nur auf die militärischen Strukturen der sogenannten B-Gendarmerie aufbauen, in der bereits seit 1952 rund 4000 Mann für den Grenzschutz im Einsatz waren. Das Bundesheer wurde größer und professioneller. Aber hätte es Österreich verteidigen können, wenn aus dem Kalten Krieg ein heißer geworden wäre?

Hugo Portisch hatte dazu eine klare Meinung. Er war zwischen 1958 und 1967 Chefredakteur des *KURIER*, danach Auslandskorrespondent und Kommentator des ORF. Als Produzent der TV-Serien „Österreich I“ und „Österreich II“ hat er viele Gespräche mit Zeitzeug*innen des 20. Jahrhunderts geführt. In einem großen Interview, das ich mit ihm für den *KURIER* vom 26. Oktober 2015 geführt habe, ordnet er die historischen Fakten klar ein: „Die Neutralität hat militärisch überhaupt nie einen Sinn gehabt. Wir haben mit vielen Generälen gesprochen, die damals in den Planungsstäben waren, sowohl im Warschauer Pakt als auch in der NATO. In dem Moment, wo Krieg gewesen wäre, wären alle sofort nach Österreich marschiert." Unter den politischen Akteuren war das lange bekannt, auch das Faktum, dass Österreich im Zweifel auf der Seite von USA und NATO gestanden wäre. US-Botschafter Llewellyn Thompson berichtete schon 1956 nach Washington: „Die hiesigen Militärbehörden betrachten die aktive Teilnahme an der Seite des Westens im Kriegsfall für unerlässlich." Der Historiker Gerald Stourzh, der beste Kenner des Staatsvertrags, hat kürzlich die sechste Auflage seines Standardwerks „Der Kampf um den Staatsvertrag" veröffentlicht, gemeinsam mit Wolfgang Mueller. Da wird die Vorgeschichte des Staatsvertrags mit neuen Dokumenten erklärt. Wesentlich: US-Präsident Eisenhower konnte mit der Formulierung „Neutralität nach Schweizer Vorbild" leben, weil für ihn die Schweiz im Falle eines Konflikts mit der Sowjetunion klar auf der Seite des Westens gestanden wäre.

Aus dem Westen wäre auch der Schutz gekommen, hätte die Sowjetunion Österreich angegriffen. Und würde Putin jetzt Raketen Richtung Österreich schicken, würden uns auch nur die USA beschützen können. Das Bundesheer allein wäre nie zur Verteidigung in der Lage gewesen, und dass das bei unserem deutschen Nachbarn sehr klar so gesehen wurde, dafür bin ich ein Zeitzeuge. Bundeskanzler Helmut Kohl hat mir das im Herbst 1987 bei einem Hintergrundgespräch, über das man damals nicht berichten durfte, klar und auch ein wenig laut erklärt. Davor hatte es das NATO-Manöver „Kecker Spatz" gegeben. Übungsannahme: Sowjetische Panzer fahren durch das Donautal Richtung Deutschland. NATO-Truppen wären ihnen entgegengekommen, unter Missachtung der Neutralität. Darauf angesprochen meinte Kohl sehr engagiert: „Sie wissen schon, wer Ihre Sicherheit garantiert. Das sind wir, das ist die NATO. Sie glauben doch nicht, dass Ihr Bundesheer sie beschützen kann."

Mehr aus Nationalstolz als auch Überzeugung widersprach ich, was mir nicht viel nützte.

Jede Bundesregierung kannte die Fakten, natürlich hätte sich Österreich gegen eine Invasion sowjetischer Truppen nicht wehren können. Und trotz der Verpflichtung, die Neutralität nach „Schweizer Vorbild" zu gestalten, wurde beim Bundesheer stets gespart. Der Ankauf der Abfangjäger während der schwarz-blauen Regierung unter Wolfgang Schüssel war auch kein Ruhmesblatt. Der Prozess hatte bereits Jahre gedauert, wie und warum die Entscheidung für den Eurofighter Typhoon fiel, ist bis heute nicht geklärt, weder politisch noch gerichtlich. Statt der zunächst 18 Abfangjäger wurden wegen einer Flutkatastrophe nur 15 angeschafft, und die sind bis heute nachts nicht einsatzfähig. Ein „Schweizer Modell" sieht anders aus, die Schweiz gibt auch deutlich mehr Geld für Verteidigung aus. (Jahr 2020: Schweiz 5,35 Milliarden Franken, Österreich 3,16 Milliarden Euro, 1 Franken entspricht etwa 0,96 Euro.)

Und dann kam das Jahr 1990, die Charta von Paris, die Illusion des ewigen Friedens, weil sich die Blöcke, die unsere Nachkriegswelt bestimmten, auflösten. Der amerikanische Politologe Francis Fukuyama sprach gar vom „Ende der Geschichte", weil sich das Modell der liberalen Demokratie endgültig gegenüber den kommunistischen Diktaturen durchgesetzt habe. Im Dezember 1991 ist die Sowjetunion endgültig zerfallen, aber die Unabhängigkeit der neuen Staaten war noch keine Garantie für Freiheit innerhalb dieser und auch nicht für den Frieden nach außen. Wladimir Putin, Staatspräsident seit dem Jahr 2000, suchte einige Zeit lang die richtige Rolle für „sein" Russland, als Atommacht ein Riese, aber wirtschaftlich pubertär, also in einer Entwicklungsphase. Putins historische Rede im

Deutschen Bundestag, zwei Wochen nach dem Terroranschlag des 11. September 2001, ist bis heute umstritten: Der ehemalige KGB-Agent, der zwischen 1985 und 1990 in Dresden dem Geheimdienst gedient hatte, sprach den Großteil auf Deutsch. Er betonte die Gemeinsamkeiten mit Deutschland und Europa: „Niemand bezweifelt den großen Wert der Beziehungen Europas zu den Vereinigten Staaten. Doch bin ich einfach der Meinung, dass Europa sicher und langfristig den Ruf eines mächtigen und real selbstständigen Mittelpunkts der Weltpolitik festigen wird, wenn es seine eigenen Möglichkeiten mit den russischen menschlichen, territorialen und Naturressourcen, mit den Wirtschafts-, Kultur- und Verteidigungspotenzialen Russlands vereinigen wird."

Man kann lange darüber diskutieren, ob Putin wirklich diese Nähe zu Europa wollte und dazu eine „standfeste internationale Sicherheitsarchitektur", wie er formulierte. Beides ist jedenfalls nicht zustande gekommen, im Gegenteil. Denn Putin war zu diesem Zeitpunkt bereits nicht zu trauen. Im September 1999 wurden zwei Hochhäuser in Moskau gesprengt, wobei viel darauf hindeutet, dass der russische Geheimdienst FSB dahinterstand. Putin aber machte Tschetschenen dafür verantwortlich und hatte damit einen Vorwand für den Zweiten Tschetschenienkrieg, der bis 2009 dauerte. Der Krieg gegen Georgien im Sommer 2008 dauerte nur fünf Tage, aber spätestens hier hätte Europa verstehen müssen, dass Putin nur nach seinen eigenen Spielregeln agiert und kein offenes Verhältnis mit Europa sucht.

Endgültig beschädigt war das Verhältnis zu Europa und den USA, als Putins Truppen im Februar 2014 in die Ukraine einfielen und der Präsident im März 2014 die Krim annektierte. Aber auch diese offenkundige Verletzung des Völkerrechts hat man in Österreich übersehen. Dass US-Präsident Barack Obama kurz darauf Russland als Regionalmacht verspottete, hat Putin gekränkt und gleichzeitig noch weiter motiviert, die Stärke seines Landes zu demonstrieren.

Österreich hätte verstehen müssen, dass wir einem zunehmend aggressiven Russland gegenüberstehen, das gerne auch die Abhängigkeit des Kontinents von russischen Rohstoffen, vor allem Gas, betonte. Aber anstatt diese Abhängigkeit zu reduzieren, hat uns eine neue OMV-Führung unter Rainer Seele völlig an Russland ausgeliefert. Seele war als Freund des Putin-Vertrauten Gerhard Schröder nach Wien gekommen, gelotst von einem anderen Freund Putins – Sigi Wolf, der zu diesem Zeitpunkt Aufsichtsratsvorsitzender der Staatsholding ÖIAG war. Alle Bundesregierungen wussten von dieser Abhängigkeit von Russland – ein westlicher Geheimdienst hat nach einem Bericht von *Die Presse* sogar vor Seele gewarnt – und taten nichts dagegen. So wurde Putin in Wien stets unterwürfig empfangen. Der Präsident der Wirtschaftskammer, Christoph Leitl, nannte ihn einen „genialen politischen Schachspieler", Außenministerin Karin Kneissl knickste gar vor ihm. Ein Bild für die Welt und ein Symbol für Österreichs Politik.

Das ist die Geschichte, jedenfalls peinlich, leider auch gefährlich. Und wie sieht die Zukunft aus? Russische TV-Kommentatoren machen inzwischen keinen Unterschied mehr zwischen der EU und der NATO. Alle sind sie Feinde, die bekämpft werden müssen. Im Zweifel mit Atombomben. Österreich ist als EU-Mitglied eindeutig im Westen, bei den demokratischen Staaten positioniert, die Putin bekämpft. Wegen unserer Teilnahme an allen EU-Sanktionen gegen Russland werden wir als „unfreundlicher Staat" eingestuft, mit allen Konsequenzen.

Jetzt geht es um unsere Sicherheit und endlich um eine ehrliche Debatte, wie wir diese aufrechterhalten. Die Bedrohungen sind vielfältig. Der offene Krieg gegen unser Land ist nur eine, sicher die schlimmste Möglichkeit. Aber bereits jetzt wissen wir, dass es Cyberangriffe auf Einrichtungen des Bundes gibt, russische Trollfabriken versuchen, die öffentliche Meinung zu bestimmen, und hybride Kriegsattacken können unsere Infrastruktur nachhaltig beschädigen. Im Bericht „Unser Heer 2030", erschienen während des Beamtenkabinetts Bierlein unter Verteidigungsminister Thomas Starlinger, wird deutlich auf hybride Angriffe und Cyber-Terrorismus verwiesen. „2020 ist unser Heer pleite", hatte Starlinger bei seiner ersten Pressekonferenz in ungewohnter Deutlichkeit formuliert. Abgesehen von eigenen Anstrengungen ist es völlig klar, dass unser Bundesheer mit anderen europäischen Armeen zusammenarbeiten muss. Das findet bereits statt, aber es wird zu wenig darüber geredet. Bereits im Februar 1995 unterzeichnete Österreich das Rahmendokument „Partnership for Peace" mit der NATO. Seit 1997 gibt es den „Euro-Atlantischen Partnerschaftsrat". Aber da die politische Zukunft in den USA unsicher ist – Präsident Trump hatte die NATO als „obsolet" bezeichnet –, ist es wohl besser, wir verlassen uns auf unsere Partner in Europa. Zwar sprach Präsident Macron im November 2019 im Economist vom „Hirntod der NATO", aber er bezog sich dabei auf mangelndes Engagement der USA. Im Frühjahr 2022 konnte man in immer mehr US-Medien Zweifel darüber lesen, ob die amerikanische Demokratie neuerliche Attacken durch das Trump-Lager aushalten würde. Das Magazin *Foreign Affairs* befürchtet, dass die USA in Richtung einer „endemischen Instabilität" gehen würden. Dabei muss uns klar sein, dass unsere Sicherheit noch immer von den Vereinigten Staaten abhängt. Eine europäische Armee könnte alle EU-Staaten gemeinsam beschützen und wäre natürlich nicht auf Angriff ausgerichtet.

Eine Gruppe von politisch sehr unterschiedlich orientierten Männern und Frauen hat im Mai 2022 einen offenen Brief an den Bundespräsidenten, die Bundesregierung, den Nationalrat und die Bevölkerung Österreichs verfasst, nachzulesen auf unseresicherheit.org. Putins Angriff wird als „letzter Warnruf an die freie Welt" bezeichnet, Österreich sei unvorbereitet, jetzt müsse endlich eine breite Debatte über eine neue Sicherheits- und Verteidigungspolitik beginnen. Die Abschaffung der Neutralität wird nicht gefordert, aber die Wirkung der Neutralität wird angezweifelt: „Unsere Neutralität – in der Praxis sehr flexibel interpretiert – wurde nie auf ihre aktuelle Zweckmäßigkeit überprüft, sondern zum vermeintlich unantastbaren Mythos erhoben." Die Unterzeichner*innen stellen eine beachtliche politische Bandbreite dar – von der früheren NEOS-Abgeordneten Irmgard Griss über ÖVP-nahe Persönlichkeiten, den Initiator des Anti-Eurofighter Volksbegehrens Rudi Fußi bis zu linken Autoren wie Robert Misik – und sie sich sind einig: Österreich ist seit dem EU-Beitritt bereits zur europäischen Solidarität verpflichtet.

Schon nach dem EU-Beitritt per 1. Jänner 1995 wollten die Parteien nur zögerlich eingestehen, wie sehr sich das Wesen der Neutralität verändert hat. Immerhin wurde nach dem Vertrag von Nizza (2001) die Bundesverfassung dahingehend geändert, dass Österreich an der gemeinsamen Außen- und Sicherheitspolitik der EU teilnimmt. Die Verfassung wurde entsprechend geändert. Die Diskussion darüber, wie solidarisch wir innerhalb der EU sein wollen, war schon einmal weiter fortgeschritten als im Frühjahr 2022, wo Bundeskanzler Karl Nehammer nach dem völkerrechtswidrigen Angriff Putins auf die nicht an einen Militärpakt gebundene Ukraine plötzlich jede Diskussion über die Neutralität verhindern wollte. Und wieder die alte Geschichte beschwor, ein neutrales Land könne vermitteln, Brückenbauer spielen. Sein Besuch in Moskau bewies unfreiwillig, wie falsch er damit liegt. Wie ein lebendiger Widerspruch liefen zu dieser Zeit Verhandlungen zwischen Moskau und Kyiv im NATO-Land Türkei.

Wir sind nicht irgendwo in der Mitte, sondern Teil des Schutzsystems der EU. Im EU-Vertrag heißt es im Artikel 42, Absatz 7: „Im Falle eines bewaffneten Angriffs auf das Hoheitsgebiet eines Mitgliedsstaats schulden die anderen Mitgliedsstaaten ihm alle in ihrer Macht stehende Hilfe und Unterstützung, im Einklang mit Artikel 51 der Charta der Vereinten Nationen. Dies lässt den besonderen Charakter der Sicherheits- und Verteidigungspolitik bestimmter Mitgliedstaten unberührt." Das ist die sogenannte Beistandsklausel des Lissaboner Vertrages der EU von 2008. Im Juli 2013 hat der Nationalrat eine neue Sicherheitsstrategie verabschiedet. Da heißt es: „Die EU als umfassende Friedens-, Sicherheits- und Solidargemeinschaft bildet den zentralen Handlungsrahmen für die österreichische Sicherheitspolitik. Österreich wird sich an der Sicherheitspolitik der EU in allen ihren Dimensionen beteiligen". Die Bundesverfassung wurde entsprechend geändert. Im Artikel 23j B-VG heißt es nun: „Österreich wirkt an der Gemeinsamen Außen- und Sicherheitspolitik der Europäischen Union … mit." Ebenso existiert die sogenannte „irische Klausel" nach Artikel 42 Absatz 2, wonach für neutrale Staaten auf den „besonderen Charakter der Sicherheits- und Verteidigungspolitik" bestimmter Mitgliedstaaten Rücksicht genommen wird. Aber auch diese Bestimmung wird uns nicht davor schützen, ernsthaft über den Zusammenhang von Sicherheit und Neutralität zu diskutieren. Im Idealfall *vor* dem Blick auf Umfragen, auch wenn das in Österreich ungewöhnlich wäre. Aber es sind eben besondere Zeiten. Der Versuch von Bundeskanzler Nehammer, eine Debatte über die Neutralität abzuwürgen, wird scheitern. Herwig Hösele, einer der Denker der steirischen ÖVP und ehemaliger Präsident des Bundesrats, hat schon vor über zehn Jahren in seinem Buch „Was ist faul im Staate Österreich" geschrieben: „Im Zusammenhang mit aufrichtiger Europa-Politik ist es auch angebracht, mit der zur österreichischen Staatsdoktrin erhobenen Lebenslüge Neutralität aufzuräumen."

Wladimir Putin will nicht nur die bestehende EU destabilisieren, er will auch am Balkan größeren Einfluss bekommen, wo einige Staaten sehnlich auf den Beitritt warten und sich auch darauf vorbereiten. Hier geht es um die Sicherheit in ganz Europa. Aber auch um das Versprechen der EU-Mitglieder, alle Ansuchen ordentlich zu prüfen. Im Dezember 2021 gab es eine Zoom-Konferenz von Abgeordneten des österreichischen Parlaments, der französischen Abgeordnetenkammer und Jugendlichen der Länder des Westbalkans. Ein Student aus dem Kosovo beklagte, dass es für Angehörige seines Landes noch immer kein Visa-Abkommen mit der EU gibt. Seit 2012 wird darüber verhandelt. Eine Studentin aus Belgrad wies darauf hin, dass manche Studienabschlüsse in der EU nicht anerkannt würden. Andere Teilnehmer*innen wiederum beklagten, dass immer mehr junge Leute ihre Heimat verlassen und in einem EU-Staat ihr Glück suchen würden. 4 von 18 Millionen Menschen haben den Balkan verlassen, ganze Landstriche stehen leer oder werden nur mehr von alten Leuten bewohnt. Bosnien-Herzegowina ist noch immer kein stabiler Staat, Milorad Dodik attackiert mit seiner Republika Srpska die Institutionen des gemeinsamen Staates, zu dem diese Entität gehört. Putin zündelt auch in dieser Region Europas, wie er nur kann. Was geht uns das an? So fragen mich immer wieder Leser*innen meiner Facebook-Seite, wenn ich dort etwas über Außenpolitik schreibe. Die Antwort ist einfach: Wir sind nur ein winziges Land in einer großen Welt, in der alle voneinander abhängig sind, ob wir es wollen oder nicht. Und wie schnell ein Krieg in Europa uns menschlich, politisch und wirtschaftlich betrifft, erleben wir in diesem Jahr 2022 und sicher noch lange darüber hinaus.

Bei einem Besuch in der Ukraine Ende Juni 2022 wurde mir klar, dass der russische Präsident Putin nicht einfach nur ein Stück Land erobern, sondern den Staat Ukraine zerstören und einen Teil der Bevölkerung auslöschen will. Wenn ihm dies gelingt, müssen wir uns auf Jahrzehnte großer Unsicherheit und eine Bedrohung ganz Europas einstellen. Aber umso beeindruckender war es, welche Widerstandskraft die ukrainische Bevölkerung zeigt und wie die Regierung mit großen Reformen in die Europäische Union strebt.

Die Europäische Union ist unsere natürliche Heimat und wir brauchen sie auch zu unserem Schutz. Leider hat die Kurz-Truppe einiges zerstört, weil sie nicht eingestehen wollte, wie sehr wir schon in die EU integriert sind, und zwar zu unserem Vorteil. In Österreich neigt man ohnehin zu einer gewissen Selbstüberschätzung, was unseren politischen Einfluss betrifft. Wie so oft hat auch hier Jörg Haider für die größten Peinlichkeiten gesorgt, etwa als er im November 2007 bei einem „Treffen der Patrioten“ in Klagenfurt formulierte: „Am Kärntner Wesen kann auch Österreich und die EU genesen." Abgesehen von der unsäglichen Anspielung auf eine Parole der Nazis, und das noch in schlechtem Deutsch, spiegelt das eine Überheblichkeit wider, mit der man in Österreich Popularität erlangen kann. Sebastian Kurz, Haiders gelehriger Schüler in Sachen Populismus, legte während der Corona-Krise immer wieder Wert darauf, dass Österreich alles besser gemacht habe als die anderen, mit den besten Ländern auf der Welt zusammenarbeite und schneller aus der Krise gekommen sei. Was aber meistens nicht gestimmt hat. Geradezu peinlich war die Formulierung von Kurz, die er ausgerechnet in Brüssel im Juli 2020 bei der Diskussion über den EU-Aufbauplan über südliche Nachbarn verwendete: „Staaten, die in ihren Systemen kaputt sind." Wenig später zeigte Italien, dass es mit neuen Covid-Wellen wesentlich geschickter umging, während das System Kurz mit stets neuen Korruptionsvorwürfen Österreich ziemlich kaputt erscheinen ließ. Und natürlich wurde die EU beschuldigt, wenn Österreich zu wenig Impfdosen bestellt hatte.

Gernot Blümel blamierte sich kurz darauf mit Attacken gegen die EU-Kommission. Diese führe ein „Dasein im Elfenbeinturm" erklärte er, als ein geplanter Fixkostenzuschuss für vom Lockdown betroffene Unternehmen nicht sofort in Brüssel genehmigt wurde. Martin Selmayr, der auch nicht mundfaule Vertreter der EU-Kommission in Wien, machte darauf in einer öffentlichen Stellungnahme klar, dass es das Finanzministerium einfach nicht geschafft hatte, den Antrag richtig auszufüllen. Der entsprechende Antrag sei, „wenn sich drei intelligente Leute zusammensetzen, innerhalb einer halben Stunde gemacht", so Selmayr. Aber Blümel hatte bereits seinen populistischen Punkt platziert.

Die Taktik des Brüssel-Bashings ist kein ausschließliches Austriacum und hängt auch damit zusammen, dass nationale Politik immer weniger wichtig wird. Das liegt an der Gesetzgebung der EU ebenso wie am zunehmenden Einfluss internationaler Konzerne aus dem Bereich HiTech und Social Media. Für Politiker, die ihre Schwäche gerne durch markiges Auftreten überkompensieren wollen, reduziert das die Möglichkeiten von aufsehenerregenden Entscheidungen, also suchen sie erst recht Möglichkeiten für populistische Ausritte.

Aber die EU hat nur gemeinsam eine Chance, in der neuen Weltunordnung zu bestehen, und das gilt gerade für kleine Länder wie Österreich. Jetzt spüren wir die Abhängigkeit vom russischen Gas. Uns muss noch klarer werden, dass wir von China noch viel abhängiger sind. Das gilt für viele europäische Unternehmen, die inzwischen in China mehr Geld verdienen als hier, das gilt auch für die industrielle Produktion in Europa, die funktionierende Lieferketten braucht. Und ein Teil unseres Wohlstands beruht auf Produkten, die in China deutlich billiger hergestellt werden als hier. Keine einzige Solarzelle wird beispielsweise in Europa produziert. Den Aufstieg Chinas hat der Westen zunächst verschlafen und dann hilflos beobachtet. Seit dem Jahr 1990 ist das Bruttosozialprodukt Chinas von damals 360 Milliarden Dollar auf 14,4 Billionen im Jahr 2019 gewachsen. Das „Reich der Mitte“ hat Italien im Jahr 2000 überholt, Frankreich 2005, Deutschland 2007, Japan 2010 und die Eurozone 2018. Mit der Wirtschaft ist das Selbstbewusstsein der Führung in Peking zumindest im selben Tempo gewachsen.

Der Publizist Hugo Portisch hat vor zehn Jahren ein Buch über Europa geschrieben: „Was jetzt?“. Nach der Eurokrise des Jahres 2008 wies er darauf hin, wie erfolgreich Europa sich in den Jahren nach Gründung der Europäischen Wirtschaftsgemeinschaft im Jahr 1957 entwickelt hat. Aber, schreibt Portisch: „Heute erleben wir, wie rasch oft all das in Europa Erreichte in den Hintergrund gedrängt wird, wie leichtfertig viele bereit wären, die europäische Gemeinschaft wieder aufzugeben, sich hinter die alten Grenzen zurückzuziehen, in der falschen Annahme, sie hätten unseren heutigen Wohlstand und unsere soziale Sicherheit, unsere wirtschaftlichen Möglichkeiten in Europa und der Welt auch ganz alleine geschafft, wozu es in Wirklichkeit einer jahrzehntelangen Anstrengung Europa bedurft hat. Vor allem auch der Solidarität und der gegenseitigen Hilfe." Die Fakten aussprechen – das ist wichtig für jeden Heilungsprozess.

VERTEILUNG UND TEILHABE – DIE GROSSEN FRAGEN DES ZUSAMMENLEBENS

Österreich befand sich bereits seit fünf Jahren im Ausnahmezustand, als mit Putins Krieg gegen die Ukraine auch noch die Verknappung des Gases und eine enorme Inflation dazukam. Der Wahlkampf im Herbst 2017 war schon ungewöhnlich. Die türkise ÖVP hatte einen Gelddrucker in Form von vielen, sicher ganz uneigennützigen Großspendern und eine Person, die als Lichtgestalt bejubelt wurde, wie es sonst in einer Demokratie unüblich ist. Im Wahlkampf hat die ÖVP statt der erlaubten 7 Millionen Euro fast doppelt so viel, nämlich 13 Millionen ausgegeben. Von anderen verlangen, dass sie alle Gesetze befolgen, aber selbst diese bewusst umgehen, das gehörte auch zur Handlungsanleitung der Kurz-Partie. Die 800.000 Euro Strafe konnte man ja dann lässig begleichen, mit Spender- und Steuergeld. Dann kam eine Regierung, wo jede Message kontrolliert werden sollte, bis am 17. Mai 2019 mit dem Ibiza-Video hässliche Bilder auftauchten, die zunächst nur der FPÖ schadeten. Hässlicher als das Video aus Ibiza waren dann die Aktivitäten der Kurz-ÖVP, die im Ibiza-Ausschuss des Parlaments zutage kamen, sodass die Landeshauptleute der ÖVP ihre Lichtgestalt wieder fallen ließen. Zwischendurch hat uns die Pandemie unerwartet getroffen, und sie ließ sich mit flotten Sprüchen nicht bekämpfen. Die Bevölkerung merkte bald, dass die Pandemie nicht „gemeistert" war, wie ein ÖVP-Plakat im Sommer 2021 verkündete, und wir sind auch nicht „am besten durch die Krise gekommen", wie die Message Controller allerorts verkündeten. Am 24. Februar 2022 hat Putin schließlich die Ukraine überfallen – mit unabsehbaren Folgen für die ganze Welt und massiven Konsequenzen für Österreich. Sofort waren die Abhängigkeit von russischem Gas und eine enorm hohe Inflation spürbar.

Aber auch in anderen Ländern Europas wurden in den letzten Jahren viele gesellschaftspolitische Phänomene sehr zugespitzt erlebt. Boris Johnson war gerade einmal drei Jahre britischer Premierminister, als er Anfang Juli 2022 seinen Rücktritt ankündigte. Nach vielen Skandalen hatte ihn die Mehrheit seines Kabinetts verlassen. Unter seinem egozentrischen Verhalten werden sein Land und seine konservative Partei noch lange zu leiden haben. Das Muster kennen wir. „Eine Lüge zu viel", schreib das Magazin *Spiegel*. Auch das kennen wir.

Bulgarien hatte acht Monate lang keine reguläre Regierung, im Dezember 2021 wurde dann Kyrill Petkov nach der dritten Parlamentswahl hintereinander zum Ministerpräsidenten gewählt, die *Frankfurter Allgemeine Zeitung* schrieb vom „Harvard Experiment", weil neben Petkov auch Finanzminister Assen Wassilev die Eliteuni Harvard absolviert hat, auch andere Regierungsmitglieder weisen ausländische Universitätsabschlüsse vor, was im Juni 2022 vor einer neuerlichen Regierungskrise mit späteren Neuwahlen nicht schützte. nicht schützte. In Tschechien hat Präsident Milos Zeman nach einer Covid-Erkrankung im Rollstuhl und in einem Glaskobel Ministerpräsident Petr

Fiala angelobt. In den Niederlanden verhandelte Mark Rutte neun Monate lang eine neue Koalition, um dann sofort im Dezember einen neuen Lockdown anzukündigen. Viktor Órban konnte sich bei der Wahl in Ungarn auf die Medien verlassen, die er auf undemokratische Weise dominiert, sein politischer Freund Janez Janša aber verlor in Slowenien gegen einen Neuling, den Energiemanager Robert Golob. Und in Frankreich erreichte Präsident Emmanuel Macron im ersten Durchgang der Präsidentschaftswahl gerade einmal 27,8 Prozent der Stimmen, während eine deutliche Mehrheit für Kandidat*innen von links und rechts votierten, die einen Austritt aus der EU oder jedenfalls die Schwächung der Gemeinschaft anstrebten. Im zweiten Wahlgang erhielt Macron gegen Marine Le Pen dann 58,5 Prozent, verlor aber bei extrem niedriger Wahlbeteiligung im Juni 2022 seine Mehrheit im Parlament. Das hat es in der fünften Republik noch nie gegeben.

Aber die österreichischen Zustände waren dann doch etwas Besonderes, weil es immer nur um Personen und nie um ein besseres Österreich ging. Einmal noch wollte und konnte Sebastian Kurz die Innenpolitik dominieren, solange ihm die „neue" Volkspartei und führende Repräsentanten blind und stumm folgten. Nur einen „Schritt zur Seite" wollte er am 9. Oktober 2021 machen, auf Druck der Grünen und der wieder erstarkenden Landeshauptleute musste er das Kanzleramt verlassen, um sich – aus seiner Sicht – als Klubobmann in Ruhe auf seine Rückkehr vorzubereiten. Er berief Außenminister Schallenberg zum Bundes- und sich zum Schattenkanzler, um das Land noch einmal 52 Tage lang im Ungewissen und die Pandemiebekämpfung sich selbst zu überlassen. Die Zustände im Land interessierten ihn nicht, er wollte nur die Chancen auf sein Comeback in der Partei abtesten. Alexander Schallenberg fehlte jede Autorität, die Landeshauptleute ließen ihn und Gesundheitsminister Mückstein zu einem weit entfernten Tiroler Bergsee kommen, um ihn dort mit den nächsten Schritten gegen Corona zu beauftragen, etwa mit einem Lockdown, den Schallenberg kurz zuvor noch ausgeschlossen hatte. Und weil die Realverfassung wieder in Kraft war, erklärten die Mächtigen des Landes zwei Wochen später, dass Karl Nehammer das Amt des Bundeskanzlers zu übernehmen hat, die Bundesländer bekamen wie gehabt ihre Ministerposten. Im Mai 2022 traten zwei Kurz-Vertraute von ihren Ämtern zurück, Elisabeth Köstinger und Margarethe Schramböck. Auch hier wurden Bünde und Länder bei der Nachfolge zufriedengestellt. Die alte Ordnung in der ÖVP war also wiederhergestellt, aber nur oberflächlich.

Immerhin war es Kurz gelungen, auch in einer Zeit, als sich die Gesundheitskrise wieder zuspitzte, weiter eine Show um seine Person zu inszenieren. Da störte es ihn nicht, dass das Vertrauen in die Politik im Allgemeinen und die Bundesregierung im Besonderen weiter erodierte. Er war als Symbol gegen ein System angetreten, das er nicht verbesserte, sondern für seine Zwecke missbrauchte. Ende November 2021 war ein dramatischer Tiefststand erreicht: Nur ein Viertel der Menschen in Österreich hatte noch Vertrauen in Türkis-Grün. Aber es gab noch immer türkise Jünger, weiblich und männlich, die erklärten, er würde alles besser machen, „unter ihm" würde die Pandemie jetzt besser bekämpft werden.

Die mangelnde Koordination zwischen Bund und Ländern sowie eine schlecht aufgesetzte Diskussion über die Impfpflicht führte zu weiterer Verunsicherung, was eine breite Gruppe von ideologisch einander fernstehenden Organisationen zu immer mehr Kundgebungen motivierte. So musste man zunehmend fassungslos beobachten, wie es immer mehr Demonstrationen „gegen das Virus", „gegen die Impfpflicht" oder auch „für eine gesunde Medizin" gab. Die FPÖ und eine neue Partei, die nur ein Thema hat, die MFG, kapern gerne solche Kundgebungen. Zusätzlich mischten sich Rechtsextreme oder sogenannte Identitäre unter die Demonstrant*innen, aber es gab auch wirklich besorgte Bürger. Vielen ging es nicht nur um die richtige Bekämpfung eines tückischen Virus, sondern auch darum, endlich einmal gehört oder zumindest wahrgenommen zu werden. Ich habe versucht, allen Personen, die mir per Mail ihre Skepsis zur Corona-Impfung und vor allem zur Impfpflicht mitgeteilt haben, zurückzuschreiben, außer es handelte sich um organisierte Massenmails. Erstaunlich: Manche meldeten sich wieder, ganz überrascht, dass ihnen ein Abgeordneter antwortet. Aber es kamen auch Massenmails, die Ängste vieler Menschen wurden missbraucht. Und so war es auch kein Wunder, dass nach der Invasion der Ukraine bei Corona-Demonstrationen russische Fahnen auftauchten und auf Facebook eine Pro-Russland/ Contra-Impfung Parallelbewegung einsetzte.

So treffen mehrere Phänomene in kurzer und krisenhafter Zeit aufeinander, nicht nur in Österreich: Regierungen, die offensichtlich nicht auf eine Pandemie vorbereitet waren und auch zwei Jahre nach deren Ausbruch laienhaft oder ängstlich agieren, und soziale Medien, in deren Blasen einander Gleichgesinnte zustimmen und sich gegenseitig aufschaukeln. Dazu kommt bei vielen das Gefühl, dass sie bis jetzt nicht gehört oder gar ernst genommen wurden sowie die Angst des sozialen Abstiegs. Diese Ängste werden noch stärker, weil die Preise nach

Beginn von Putins Feldzuges massiv gestiegen sind, nicht nur bei Gas und Strom. Die Wohlstandsgesellschaften Westeuropas nach dem Zweiten Weltkrieg waren auf folgende Versprechen aufgebaut: Es gibt Wachstum, verbunden mit der Chance des Aufstiegs nach der Formel „Die Kinder sollen es einmal besser haben", dazu ein Gefühl der sozialen Absicherung bei Krisen und im Alter. Hohe Wahlbeteiligungen signalisierten die breite Akzeptanz des Systems und die klassischen Medien sorgten für eine grundsätzliche Übereinstimmung in Politik und Unterhaltung. Bewegungen wie die 68er forderten das zwar heraus, bestätigten aber dadurch gleichzeitig die große Mehrheit. Außerdem waren die 68er durchaus erfolgreich beim angekündigten „Marsch durch die Institutionen", neue soziale Bewegungen fanden mit ihnen statt und auch später Akzeptanz in der Gesellschaft.

Diese Integration von neuen Gruppierungen und Ideen funktioniert nicht mehr. Schlimmer: Populistische Politiker*innen verstehen es perfekt, Gefühle der Ausgrenzung und zunehmende Ängste auszubeuten. Das beginnt schon bei den sozialen Medien, die populistischen Parteien in die Hände spielen. Denn die Algorithmen sollen nicht Menschen zusammenführen, damit sie unterschiedliche Ansichten austauschen, wie das lange in den Samstagabend-Fernsehsendungen und in klassischen TV-Talkshows funktionierte, sondern Meinungen sollen zunächst zugespitzt, dann bestätigt und schließlich gegeneinander eingesetzt werden. Die medialen Blasen Gleichgesinnter führen zwangsweise zur Radikalisierung, außerdem lassen sich negative Emotionen viel leichter instrumentalisieren als positive. Die Algorithmen nutzen kapitalistischen Eigentümern ebenso wie sendungsbewussten Gruppen: Die Aktivitäten der

Konsument*innen machen Youtube, Facebook und die anderen reicher und die Nutzer*innen radikaler. Aber auch die Bestätigung der eigenen Meinung und die vorgetäuschte Zugehörigkeit, die man in diesen Medien spürt, verhindern die Einsamkeit und das Gefühl des Verlassenseins nicht. Und so wird „die Politik" als am persönlichen Leid Schuldige ausgemacht, wobei auch die großen Anführer*innen gerne Verantwortung abschieben. Was auch immer bei den so selbstbewusst auftretenden Herren von Trump bis Kurz schief lief: Es waren immer andere Schuld. Die Opferrolle kam immer sehr authentisch rüber bei diesen Schauspielern in eigener Sache.

Das „Jahrhundert des Populismus" beschreibt der französische Historiker Pierre Rosanvallon in seinem im September 2020 erschienenen Buch (Original: „Le Siècle du populisme"). Dabei zeigt er nicht nur die Geschichte populistischer Bewegungen auf, sondern meint auch, dass wir in unseren Demokratien neue Formen der Einbindung der Bevölkerung finden müssten. In seinem neuen Buch „Les Èpreuves de la Vie" geht es um die persönlichen Gründe, warum sich Menschen Bewegungen wie den Gelbwesten in Frankreich oder den Impfgegnern anschließen: Es geht immer um das Gefühl, nicht eingebunden oder gar verachtet zu werden, persönliche Ungerechtigkeiten erleiden zu müssen. Und um große, wachsende kollektive Unsicherheit. Das Versprechen so gut wie aller klassischen Parteien, das Leben der Menschen stets besser zu machen, hat jede Glaubwürdigkeit verloren und schlägt bei einer wachsenden Minderheit auf diese Parteien zurück.

Es muss also beides erreicht werden: die als gerecht empfundene Verteilung und das Gefühl, als Mitglied der Gesellschaft ernst genommen zu werden. Gerade in der Pandemie haben wir gelernt, dass Stressberufe wie die Beschäftigten in den Intensivstationen oder Pflegeberufe unterbezahlt sind. Wir werden um eine offene Debatte über gerechte Bezahlung, aber auch um gerechte Steuern nicht herumkommen. Dass die kalte Progression leistungsfeindlich ist, dürfte unbestritten sein. Dass vor jeder Wahl deren Abschaffung versprochen und dann aber nicht eingehalten wird, trägt nicht zur Glaubwürdigkeit der Politik bei. Im Juni wurde die Abschaffung, wenn auch mit Einschränkungen, wieder versprochen. Auch über Erbschafts- und Vermögenssteuern müssen wir reden. Die gibt es auch in Ländern wie der Schweiz, allerdings bei deutlich niedrigeren Einkommenssteuern. Und dabei muss der Übergang von Familienunternehmen besonders geschützt werden. Das ist nicht leicht lösbar, aber auch hier geht es um eine offene Debatte, wobei es die Politik mit dem wohlbegründeten Verdacht zu tun hat, dass im Zweifel neue Steuern eingeführt, aber bestehende nicht reduziert werden. Wie so oft wird es Änderungen auf europäischer Ebene brauchen, um die vielen Gelegenheiten, Steuern zu sparen oder gar zu verhindern, unmöglich zu machen. Diese nützen nur Superreichen und deren international aufgesetzten Konstruktionen. Der Mittelstand muss beschützt werden, er ist auch demokratiepolitisch das Zentrum einer Gesellschaft. Wir haben gesehen, dass es für Junge heute viel schwieriger ist, Vermögen zu bilden und Wohnungseigentum zu schaffen. Grundlage einer ehrlichen Debatte über ein gerechtes Steuersystem ist es, über Leistung und nicht über Neid zu reden. Eine Gesellschaft, in der die Mehrheit nicht das Gefühl hat, dass es halbwegs gerecht zugeht, beginnt zu zerfallen, mit allen negativen, vielleicht sogar bedrohlichen Konsequenzen.

Es geht auch um Teilhabe, und zwar im doppelten Sinn:

Wir alle brauchen das Gefühl, gehört und verstanden zu werden, ebenso aber auch die konkrete Erfahrung, etwas bewegen zu können. Im Kapitel über den Parlamentarismus (s. S. 59ff.) wurde beschrieben, dass der Wunsch nach direkter Demokratie beim letzten Volksbegehren nicht so groß war. Aber wir müssen wieder darüber reden – und über einen Parlamentarismus, der mehr Menschen involviert.

Da passt auch die Frage nach dem bedingungslosen Grundeinkommen herein. Aber fühlen sich Menschen, die monatlich Geld aufs Konto überwiesen bekommen, der Gemeinschaft enger verbunden, sich in dieser aufgehoben? Ich bezweifle das. Dagegen bin ich sehr für einen Bildungsscheck für jede Person ab dem 16. Lebensjahr in der Höhe von 20.000 Euro, der in den kommenden Jahren innerhalb der EU bei Studien und Kursen eingelöst werden kann. Das Verständnis von Zusammenhängen ist Grundlage für Teilhabe am gesellschaftlichen Leben.

Dazu gehört auch das Wahlrecht. Das SORA Institut hat erhoben, dass bei der Landtagswahl in Wien im Jahr 2020 31 Prozent der über 16-Jährigen nicht wahlberechtigt war. Und das verschärft sich noch nach Grad der Bildung und des Berufs: 60 Prozent der Arbeiter*innen waren nicht wahlberechtigt, aber auch 26 Prozent der Angestellten. Im 15. Wiener Gemeindebezirk Rudolfsheim-Fünfhaus darf beinahe die Hälfte der Bevölkerung nicht wählen, 42 Prozent haben keine österreichische Staatsbürgerschaft. Die Staatsbürgerschaft sei ein „hohes Gut", argumentiert die ÖVP. Stimmt. Aber warum muss man viel Geld haben, um sie zu bekommen? Ein hohes Gut sollte nichts mit Geld zu tun haben. Theoretisch kann jede Person nach sechs Jahren in Österreich die Einbürgerung beantragen, aber dann muss man auf verschiedene Termine warten und nachweisen können, dass man nach Wohnkosten noch rund 1000 Euro zur Verfügung hat. Für rund ein Drittel eine zu hohe Hürde. Dass diese Menschen bei uns Billigjobs nachgehen, findet hingegen niemand schlecht. Wie so oft, wenn es um Ausländer geht und sich die Chance politischer Ausgrenzung bietet, wird die Debatte irrational. Und im Gegensatz zu früher, wo nur die FPÖ von diesen Emotionen lebte, springt die ÖVP auch auf den Populismuszug auf. Je schlechter die Umfragen werden, umso freudiger.

Es geht außerdem um Transparenz. Knapp vor Weihnachten wurden wieder Chats von Thomas Schmid veröffentlich, wo die freundliche Behandlung des Austro-Oligarchen Sigi Wolf durch das Finanzamt besprochen wurde – und der Kabinettsmitarbeiter belehrt wurde, eine „Hure der Reichen zu sein". Umgekehrt erlebte der Gastronom Sepp Schellhorn gehäufte Prüfungen des Finanzamts, als er sich politisch für die NEOS engagierte. Es müssen einfach alle Vorgänge innerhalb der Verwaltung aufgezeichnet und zumindest stichprobenartig vom Rechnungshof überprüft werden. Alle Aufträge der öffentlichen Hand müssen sofort auf eine Website, von der kleinsten Gemeinde bis zum Bund, das gilt für jedes Inserat, jede Spende an eine Partei muss deklariert werden, sobald sie getätigt wird. Verstöße gegen die Parteienfinanzierung müssen strafrechtlich belangt werden, mit hohen Strafen zur Abschreckung. Mitglieder der Bundesregierung, der Landesregierungen und Parlamentarier*innen legen ihr Vermögen gegenüber dem Rechnungshof offen, und zwar vor und nach ihrer Tätigkeit. Und es gibt noch viele andere Bereiche, wo nur Transparenz Korruption und Misstrauen verhindert.

Nach dem Zweiten Weltkrieg haben die beiden Großparteien mit ihren Organisationen und den Kammern dafür gesorgt, dass sich die überwiegende Mehrheit in der Gesellschaft eingebunden gefühlt hat, die Kirchen haben durchaus eine integrierende Rolle gespielt, auch mit ihren Sozialeinrichtungen. Diese arbeiten weiter sehr gut, aber das Zusammenspiel funktioniert nicht mehr. Es gibt keine Großparteien mehr, und für die Sozialpartner war es kein Zeichen der Stärke, dass sie sich 2007 in den Verfassungsrang heben ließen. Kurz und Co. wollten ein System für ihre Freunde herstellen, die sie intern „Familie" nannten. Ihr Zugriff auf den Staat ist nicht zuletzt durch die schnell entwickelte Hybris gescheitert. Träger*innen politischer Macht neigen zu Abgehobenheit, aber dieses Mal ist es besonders rasant gegangen. Jetzt sollten wir als Wähler*innen endgültig verstanden haben, wie gefährlich Blender in der Politik sind. Besonders gefährlich ist es, wenn eine Kombination aus Nationalismus und der Abwertung von Minderheiten dazukommt, wenn Gruppen der Gesellschaft gegeneinander ausgespielt werden. Der Irrweg bestand auch darin, dass viele Menschen in Österreich glaubten, eine Person könne dafür sorgen, dass das Leben der Menschen besser wird. Überlassen wir Heilsversprechen den Organisationen, die sich mit dem Jenseits beschäftigen.

Heilung beginnt mit der Erkenntnis und dem Verständnis der Krankheitssymptome. Dazu gehört, dass zuletzt kein ernsthafter Dialog über die Aufgabe der Politik möglich war, weil Pandemie und Skandale alles dominierten. Im Sommer 2012 war Olaf Scholz, damals noch erster Bürgermeister von Hamburg, in Wien und diskutierte mit dem damaligen Stadtrat Michael Ludwig über die Aufgabe von Politik. Dabei sagte Scholz einen Satz, der so kühl norddeutsch und gleichzeitig sehr vernünftig klingt: „Die Politik muss dafür sorgen, dass die Menschen klarkommen." Das klingt sehr kühl, soll aber heißen, dass alle Menschen die Voraussetzung dafür bekommen, ein Leben nach ihren Vorstellungen zu führen. Die Voraussetzungen – für die Umsetzung wiederum ist jede und jeder selbst zuständig. Die Inszenierung von Führungspersonen in der Politik trägt dazu sicher nicht bei. Das geht ohnehin meistens nur kurz gut, weil der Boulevard den Aufstieg und den Abstieg von Politiker*innen gleichermaßen genießt.

Es wäre so wichtig, dass sich Politik und Medien endlich einmal nicht um die handelnden Personen kümmern, sondern um deren Handlungen – oder Versäumnisse. Die FPÖ-Sozialministerin Beate Hartinger-Klein legte im Dezember 2018 einen „Masterplan Pflege" vor, der sogleich vom Ministerrat beschlossen wurde. „Ein Meilenstein" sei das, so die Ministerin, weil es ja ohne verbale Superlative nicht mehr ging. Aber es handelte sich bestenfalls um einen Ausgangspunkt für eine Pflegereform. Sogar Kurz blieb ausnahmsweise bescheiden und sah nur einen „Startschuss". Das ist nur ein Beispiel für die Regierungspolitik der letzten fünf Jahre: riesige Ankündigungen, teure Inserate mit falschen Versprechungen und kaum echte Verbesserungen. Auch die türkis-grüne Pflegereform des Jahres 2022 schiebt wieder wesentliche Probleme auf. Und die rund 1,4 Millionen Menschen, die in Österreich als „behindert" gelten, haben noch lange nicht die Rechte, die ihnen die entsprechende UNO-Konvention verspricht, etwa einen garantierten Schulplatz bis zum 18. Lebensjahr. Außerdem bekommen sie in Tageswerkstätten keinen Lohn, sondern nur Taschengeld, und sie sind auch nur teilweise sozialversichert. Eine Schande für einen angeblichen Sozialstaat.

Schüler*innen fühlten sich während der Pandemie völlig verlassen, ein Energiebonus wurde angekündigt, beworben, aber nur holprig umgesetzt. Die Steuerreform wurde schon als „größte aller Zeiten" in den Medien um teures Geld beworben, bevor sie beschlossen oder gar spürbar war. Die allseits versprochene Abschaffung der kalten Progression war bisher nur ein bewährter Wahlkampf-Schmäh, jetzt will Finanzminister Brunner endlich ernst machen. „Airbus wird mich noch kennenlernen", drohte Verteidigungsministerin Klaudia Tanner im Februar 2020, damit war die Schlagzeile am Markt, zur Sache hörte man dann nichts mehr von ihr. Ein Informationsfreiheitsgesetz wurde versprochen, aber auch hier, leider, geht das halt nicht so einfach. Die Liste ließe sich beliebig fortsetzen. Ankündigung und Show war immer, Umsetzung selten. Und „Sparen im System" war überhaupt eine einzige Lüge, weil die Umsetzung nie geplant wurde. Hingegen steigen die direkten und indirekten Ausgaben der Ministerien, der Personalstand ebenso. Wenn die Politik in Österreich besonders unglaubwürdig ist und so gut wie alle Regierungspolitiker*innen deutlich negative Vertrauenswerte haben, dann hat das logische Gründe. Viele Versprechen, noch mehr Show und Slogans und sehr wenig Leistung. Unsere Gesellschaft steht vor einer sehr großen Herausforderung. Wenn ganze Bevölkerungsgruppen befürchten müssen, dass sie sich den Alltag nicht mehr leisten können, müssen wir sehen, wie wir einen neuen sozialen Ausgleich finden. Besonders betroffene Gruppen müssen vor der Inflation beschützt werden, die soziale Frage bekommt eine neue Bedeutung.

Politik muss den gesellschaftlichen Ausgleich und die Schaffung von Chancengerechtigkeit für alle schaffen, und zwar aufgrund transparenter Fakten. Jede und jeder soll die Rahmenbedingungen für persönliches Glück bekommen. Wie dieses dann aussieht, das bleibt in einer freien Gesellschaft eine persönliche Entscheidung. Allerdings wird immer ein Spannungsfeld bleiben zwischen der Freiheit des Einzelnen und der Verpflichtung gegenüber der Gesellschaft, die diese Freiheit für alle absichern soll. Und da kommt eine große Herausforderung auf uns zu: Die Klimakrise wird von uns Einschränkungen erfordern, die man als Einschränkung der Freiheit empfinden kann. Man kann es aber auch anders sehen: Die besondere Verpflichtung der Älteren ist eine Chance, den Jungen eine lebenswerte Umwelt zu hinterlassen. Aber auch das werden wir nur gemeinsam schaffen, mit mehr Übereinstimmungen in der Gesellschaft als zuletzt. Wir Menschen sind aufeinander angewiesen, Homo sapiens konnte sich nur entwickeln, weil sich Gruppen zusammengetan haben und gemeinsam jagten, Lebensmittel anbauten, Städte planten und den Weltraum erforschten. Auf unserer so klein gewordenen Erde gilt das erst recht.

Putins Aggression gegen den Nachbarn hat uns klar gemacht, dass autoritäre Systeme unser Leben gefährden. In einer Demokratie wären dieser Krieg, der nur „Spezialoperation" heißen darf, und die publizistische Begleitmusik der staatlich gelenkten Medien nicht möglich. Die Auseinandersetzung zwischen autoritären Systemen, die die Menschenrechte nicht achten und Gewalt gegen andere Staaten anwenden auf der einen Seite und liberalen Demokratien auf der anderen Seite wird sich zuspitzen. Für die Demokratien wird das nicht einfach werden, weil Putin seine hybriden Kriege über die sozialen Medien, aber auch gegen unsere Infrastruktur fortsetzen wird, immer mit dem Ziel, die Europäische Union und unser Gesellschaftsmodell zu zerstören.

Wir in Österreich haben hoffentlich verstanden, dass das gegeneinander Ausspielen von egogetriebenen Politkern dem ganzen Land geschadet hat. Es geht nicht um Freund gegen Feind, sondern um eine Gesellschaft, wo Differenzen offen ausgetragen und Minderheiten geschützt werden. Eine „Insel der Seligen“, zu der uns Papst Paul VI. erklärte, waren wir ohnehin nie. Aber jetzt sind wir einer Weltpolitik ausgeliefert, die wir allein bestenfalls beobachten können. Beeinflussen können wir die Weltpolitik nur als Teil der Europäischen Union, aber das auch nur, wenn es endlich eine gemeinsame starke Außenpolitik der EU gibt. Lasst uns selbstbewusste Österreicher*innen in einem starken, demokratischen Europa sein. Wir gehören noch immer zu den glücklichsten Generationen, die je hier gelebt haben. Aber wir müssen künftig mehr dafür tun, dass das auch so bleibt.

DANKSAGUNG

Mein Dank gilt der Verlagsleiterin Stefanie Jaksch für alle anregenden Gespräche und die sorgfältige Behandlung des Textes sowie Martin Scheriau für die langjährige Kooperation. Ich danke den vielen Wegbegleiter*innen in rund fünf Jahrzehnten Politikbeobachtung, von denen ich viel lernen konnte, was bei meinem Wechsel in die Politik hilfreich war.

Impressum
www.kremayr-scheriau.at

ISBN 978-3-218-01363-5

Coverdesign, typografische Gestaltung und Satz: Sophie Gudenus
Lektorat: Stefanie Jaksch
Druck und Bindung: Finidr, s.r.o., Czech Republic

Gedruckt mit freundlicher Unterstützung des
ZukunftsFonds
der Republik Österreich

9 783218 013635